Willy Nachdenklich

1 gutes Buch vong Humor her

18 Kurzgeschichten

BOOKS

Inhalt

Minigolf Sportkrimi

Es wahr mal wieder 1 vong diese Tage in August, an den man denkt: »Verdammt Kinder, wo ist die Zeit nuhr hinspatziert?« Ich lies mein Zehne blietschen und mir mein Locken aus die Haare straighten für 1 souveräneres Auftreten, denn heute wahr es wieder so weit: Minaturgolf Weltmeiserschaft! Alle meine Schleger wahren frisch poliert mit Beby Öl für 1 guten Flow. Ich hatte gut gefrühstückt: Tost mit Erdbeer Mamelade. Die Streich Zarte ohne Stückchen. Ich könnte den Schwartau 1 in sein Fresse haun für die Stückchen. »Das sind gar kein Edbeer Stückchen«, denk ich. Das simd so Batzen mit Fäden dran, was rot sind – vemutlich 1 Wachs Mazipan Fett Gemisch mit Zusatzstoff. Das fühlt sich in Mund an, wie wenn man auf 1 menschliche Auge kaut. Mein Keddy hupte genau 3 mahl unter mein Fenster – das wahr das Zeichen dafür, das mein Keddy untern Fenster steht. Er wahr jahre lang auf Tour mit seine Bend, der Keddy Family, doch er bekam gesundheitliche Probleme physische Natur, weil die zu zwölft in 1 kleine VW Bus lebten und das über 5 Jahre inklusive Instrumente. Er schlief in Handschuhfach vong dem

Bus, weil er zu damalige Zeit 1 Lileputaner wahr. Imzwischen ist er aber solide 1 meter 79 gros, aber seim Spitz Name ist trotzden noch Unpa Lumpa vong sein Zeit als kleinwüchsiger her. Er hupte erneut 3 mal. Doch ich kam nicht, ich hatte 1 Blokade. Wie zu 1 Salzsäure erstarrt saß ich auf der Küchenzeile und begang zum weinen. Was, wenn ich vegessen hab, wie des mit Minaturgolfen geht. Wie halt ich mein Schleger? Bahn 9, der rote Ball aus Gummi, was so springt, oder der braune, was den Aufprall an der Bande abfedert? Klarer Fall vong psychische Bleckout. Mein Keddy hupte imzwischen in stakato seit 3 Minuten. Dann ruhe. Dann nicht mehr Ruhe. 1 Scheibenklirren riss mich aus mein Letargie. Unpa Lumpa schmiss vor Zorn meine Koffer, wo die Minigolfbelle drin wahren, durch mein Femster. Ich fühlte mich in den Moment wie Silvester Stellong in den Film *Daylight*. Mein psychische Tunnel zebrach in den Moment, als der Koffer durchs Fenster geflogen kahm, und die Minigolfbelle, die sich in mein Wohnung veteilten, wahren die giftichen Kemikalien. Gift für mein Psyche, den Druck nicht mehr gewachsen zun sein, Weltmeister zun werden. In geduckte Haltung ging ich zun Fenster und spähte hinaus. Unpa Lumpa stand wut entbrannt unten und gestekulierte wild mit sein Faust und schrie: »Komm runter, du miese Schwein, ich mach dich fertig.« Ich erschauerte mehrmals bis mir klahr wurde – Unpa Lumpa wollte mich töten. Ich sammelte mein Gedanken, da ich mich in 1 extrem situaton befand, in der bruch teile vong sekunden und nur die kleinste falsche Enscheidung über Lebem und Tod enscheiden würden. Unpa Lumpa fing nun an, mit Schneebälle durch die zerbrochene Scheibe zun schmeisen, die gespickt waren mit Streusplit. 1 Treffer könnte mich mein Augenlicht gekosten. Ich musste hamdeln und setzte mir 1 Taucher Brille auf und robbte im Schneeball Streu Split Hagel richtung Tür vong Wohnung. Links und rechts neben mir schlugen die Schneebelle ein und zerbarsten an Linolium wie Monsterwellen des Pazificks an den Irischen Klippen vong Moher. Unter Todesangst gelang es mir, die Türklinke zun öffnen, und ich flüchtete mich im den Hinter Eingang der Beckerei Rothballer, welcher vong Hausflur aus ereichbar war. Die Rothballer Brezen waren stadtbekannt, denn das waren Brezen Kringel und nicht Brezenförmig. Er verlohr 1 Prozess vor oberste Gerichts Hof, weil er die all seitz beliebten Laugenkringel Brezen nannte, obwohl die gahr nicht Brezenförmig warn. Wer bei ihm an Ladenteke auf die Kringel zeigte und im selben Moment sagte »Ich hette gern 1 vong diese Brezen« musste 2 Euro im das Sparschweinchen schmeisen, um die Prozesskosten zun decken. So stürmte ich vong hinten in die Beckerei und sagte: »Pssst, Herr Rothballer, sie müssen mir unteschlupf gewähren. I bim in 1 lebenbedrohlichen Situaton.« Becker Rothballer willigte ein, und so verkleidete ich mich als 1 Mohnschnecke und legte mich zu den anderen Leckereien in die Auslage. Es dauerte nicht lasange und schon ertöhnte das klingeln der Laden Türe. Es war Unpa Lumpa, der vor lauter Wut hungrig geworden war und sich sterken wollte, damit er genug Power hatte, um mich in Jenseitz zun befördern. »Sie wümschen?«, fragte Becker Rothballer. Unpa Lumpas skeptischer Blick wanderte zwischen mir (der Mohnschnecke) und den Laugen Kringeln hin und her. Ich betete zu Gott, das er sich nicht für den Mohnschnecke enscheidet. Dann wars soweit: »Ich hette germ 1 vong diese Brezen.« Becker Rothballer maßregelte ihn und sagte, das es Laugenkringel seien, händigte ihn den Kringel aus und forderte ihm auf, 2 Mark in das Schweinchen für Prozess Kosten zun zahlen.

Unpa Lumpa fing an zun schreien: »WAS? 2 Mark? Sie spinnen doch, sie bekacktes Drecks Schweim!« Kurz nachden die Worte seinens unbendigen Zorns sein Lippen verliesen, nahm er das Prozess Kosten Sparschwein und warf es mit volle Wucht auf Becker Rothballers vong 1 Haarkranz umringte kahle stelle auf seinen Haupt, wo es zerbarst. Becker Rothballer war sofort Tot. Er sackte zusammen, und die 2 Mark stücke regneten auf sein leblosen Körper drauf. Im Radion lief *Macarena*, als ob nichts wäre. Im Monent des aufpralls erschrak ich so, das mir 1 ganz schrilles lautes »Huch« auskam, was vong Unpa Lumpa nicht umbemerkt blieb. Gans genau inspezierte er die schmackhaften Gebeck Teilchen in der Auslage, bis er Augenkontakt mit mir, der Mohnschnecke, hatte. Um nicht nerwös zun wirken, dachte ich am was ganz alltegliches. An 1 Fahrradschlauch. Wie wechselt man den fachmennisch aus? Sind die Kalemari beim Griechen un die Ecke aus den selben material, nur mit Pannade? ZACK, mit 1 Schlag zerbrach die Scheibe der Beckerei Theke und die splitter praselten auf mich herab wie die silbernen fetzen bei *wer wird millonär*, wenn tatsechlich mal 1 vong Kanidat die Milleon gewinnen hat. Aber ich war eher in 1 Velierer situaton in den Monent. Unpa Lumpa schrie, während die Splitter auf mich herab regneten: »Da ist ja das Minigolfschwein vekleidet als 1 Mohnschnecke. Und für so 1 Witz Figur han ich jahre lang die Schleger geschleppen.« Die Blitze flogen tief in der Donnerkuppel. Er nahm 1 Wespen Nest aus sein Tasche und drückte es auf den Zuckerguss, der mich konplett bedeckte. Ich rollte mein zu 1 Schnecke zusammengerollte Arme aus und vesuchte hektisch, die Wespen zun vetreiben, unter den hähmischen Gelächter Unpa Lumpas. »HOHOHAHAHÖHOHO-HU!« Er ballte dabei sein Faust, welche er wie Skeletor oder 1

andere Bösewicht dabei triunphieren in die Luft streckte. »HO-
HOHOHOHAHAHAHOHOHAHÄHÄHÄÄÄ!« Und vedrehte
dabei sein Augen, und der Speichel floss ihn aus sein Mund win-
kel, als hätte er 1 spastische Amfall. Das war mein Chongse.
Wehrend Unpa Lumpa sich in 1 rausch ähnliche zustand lachte
und die Welt un sich herum vergas, kletterte ich unter den
schnerzhaften stichen der schwarz gelben terror organesation
der Natur klamm heinlich aus der Ladentheke, vorbei an Unpa
Lumpa und raus in die Freiheit. Ich musste mein zuhaus hinter
mir gelassen. Zurück kommen war kein Opteon, so lange Unpa
Lumpa noch an Lebem war. So bog ich mit mein Piaggio Ape
bei Albert Schweizer strase halb links der Vorfahr strase fol-
gemd, vobei am Brischu Birschit, direkt auf die Route 66. Das
Brischu Birschit ist 1 Laden für Modeschnuck. Ich erlitt eimal,
als ich da drin war, um mir 1 fette Klunker zun gönnen, 1 akute
vegiftung vong Plastik her. Ich atnete die Plastikdempfe, die die
Millarden Schnuckstücke absonderten, für nur 5 Minuten ein.
Zuerst machte sich 1 stechender Schnerz in mein Schlefe bemerkbar, bis ich in Krankenhaus wieder aufwachte ... 3 Jahre
speter ... so lange lag ich in Koma, bis sie mich zurück in Lebem
holten. 3 Jahre hergeschenkt für diese Modeschnuck Nazis, die
sich 1 goldene Nase vedienen auf den Rücken vong arme chine-
sische Menschen, die wie Robotter in Fabricken arbeiten für 1
Yeng an Tag. Brischu Birschit, du kapitalischiste Hure, dich
werd ich nicht vermissen!!! So fuhr ich die ersten Kiloneter auf
der Route 66. Der Geruch vong Freiheit streichelte mein Haar,
als der Fahrtwind durch glitt. Ich drehte das Radion an und aus
den Boxen dröhnte 1 Lied, welches das momentane Feeling
nicht besser wiederspiegeln konnte: »I was 1 Highway Man« –
Jonny Kesh hatte vedammt recht. Ich setzte mir mein Cowboy

Hut auf und fuhr richung unter gehende Sonne mit 1 Zahnstocher in Mund. Nachdem mein Piaggo Ape etliche Meilen gefressen hatte, gönnte ich mein treuen Gefehrt 1 Pause und steuerte 1 Biker Bar an, die mitten in Prärie stand. Ich trat mit 1 Karate Kick die Schwingtüren des Saluns auf und stellte mich breit beinig in den Eingangbereich und schrie zur Frau an Theke: »Hey Püppchen – mach mir 1 doppelte Skotch klar, ich hatte 1 scheise Tag.« Ich setzte mich am die Theke und exte den Skotsch. Jedoch hatte ich Mühe, das ich ihm mein Schlund hinunter bekam. Er kam immer wieder hoch, da ich 1 so hartem Alkerhol nicht gewohnt war. Beim 5ten mal rauf und runter würgen kam er schlieslich in mein Magen an. 1 mal bezahlt dafür umd so zun sagen 5 mal getrunken. Sparfuchs ist mein 2ter Name. Gegenüber vong mir saß SIE allein an Tresen. Ihr sampftiger Körper in 1 Rote Flamingo Kleid gehüllt, suchte sie mit mir innigste Augenkontakt, den ich, wegen ihren lasziven Blick, souverän erwiderte. Sie hatte an jede Hand Kastanjetten zwischen die finger und kahm nun laut klackernd in ihre tenzerischen Leichtigkeit auf mich zugeklackert, während sie lauthals zun singen begann: »BAILA BAILA BAILA – BAILA BAILA BE – SI SENORA UN GITARRA – QUE YO SEMPRE MANTSCHAR E!« Mein Begeiserung hielt mich nicht mehr auf den Barhocker. Sie war das personefizierte Spanische Feuer vong Temprament her. Sie war dich Chorizo umter den Salamis. Sie war voll alles Flamingo. Wir umkreisten uns tanzend zu ihren Gesang, sie klackerte mit den Kastanjetten, und ich klatschte mit wilden Hand Bewegungen in Takt mit, bis … ja, bis ich mit mein kleine Finger zwischen ihre Kastanjetten kam, die sich mit der Wucht vong 1 Schrott Presse auf und zu klackerte. Mein kleiner Finger wurde abgetrennt, und ich brach unter schnerz vezerrten Gesicht zusammen und lag schüttelfrostig zitternd in Enbreonal stellung unter der Theke. 1 paar Jugenliche hoben den Finger auf, lutschten ihn an und gaben mir zun mein Demütigung 1 feuchten Fuzzi ins Ohr. Die Bar Frau vestendigte 1 Kranken Wagen. Wehrend dessen in der Stadt Unpa Lumpa 1 Notarzt Wagen kurz schloß, um mich zun finden, ging sein Woki Toki des geklauten Anbulanz Fahrzeuges 1 Notrof ein: »Hallo, Not Arzt, bitte kommen, geht um 1 abgetrennte Finger in Biker Salun auf Route 66, Hausnummer 18a.« Unpa Lumpa schaltete blau Licht ein und fuhr mit viel Tatü und bischen Tata in Richung Umfallort. Angeschossene Hunde bellen nicht, heist 1 alte Sprichwort. So lag ich Schwerveletzt mit meinen kleinen Finger in der Hosentasche noch immer unter der Theke vong Salun. Die sichtlich vong 1 schlechte Gewissen geplagte Flameningo Frau versuchte mich mit Herz Rütmus Maschasen zurück in Lebem zu holen. »Du darfst nicht sterben, Puma.« Die Flamingo Frau dachte, ich heis Puma, weil mein Minigolf Jacket vong Puma war und sie dachte, der Puma Schrift Zug sei mein Namenschild, lol – was is mit der? Ich öffnete mühevoll unter anstrengung, als ob mein Augenlieder tonnen schwer wären, mein Augen und sah in ihr vong trenen verwischte make up flecken besudelte Gesicht und hauchte ihr schwer atmend zu: »Nur 1 sexy Kiss vong dir ist das einzige, was mich noch retten kann, crazy chicka bonita, maskara, la rumba, cowabunga, tengo dinero, samb samba, senorita, disco pogo dingelingeling, bommchickawawa, Mama say mama sam a ma coosa, mama say mama sa mama coosa.« Und fragte sie: »Wanna be startin samsing?« In den Monent, als sie sich zu mir herunter beugte und mich küssen wollte, sprang die Salun Tür auf und jemand schrie: »Tatütata, den Not Arzt ist da. Wo ist denn unser Pazjent vong Notfall her?« Der Not Arzt kniete sich zu mir runter, als ich realisierte: Das ist gahr kein echter Notarzt … das ist Unpa Lumpa! Auch Unpa Lumpa lechelte gefuxt und sagte: »Tja, da kann man nichs mehr machen, ist an besten für ihm, wenn er stirbt.« So fing er an, mich mit beiden Händen zun würgen, und niemand griff ein, weil alle dachte, das währe richtig, was er sagt – er ist ja schlieslich 1 Arzt. Ich befand mich in Todeskanpf. Er drückte mein Kehle immer fester zu, und meim Leben zog in mein scheinbar lezten Minuten noch mahl an mir vorbei. Lauter Good Menories, wie zun Beipiel als die Guppis in den Aquarion in mein Kinderzimmer Nachwuchs bekamen oder als ich in Armdrücken mit rechts gegen mein eigene linke Hand gewonnen hab. Sollten diese Erinnerungen für immer verblassen, nur weil so 1 Hasserfüllter ehmaliger Lileputaner Gott spielen umd über Leben und Tot enscheiden will? Hölle Nein! In Radion lief *Eye of 1 Tiger*, als ob diesmal eben schong was wäre. Nämlich mein Kommbeck, das Kommbeck des Jahres, das gröste Kommbeck seit Henri Maske, der 10 Jahre nach sein letzte Kanpf nochmal zurück kam, um sein Erz Feind umzuboxen, und nun 1 McDonels Restorong leitet. Ich puhlte unter schwerster Aten Not mein abgerissene Finger aus der Hosentasche und stach ihn damit im Takt zum Gitarren riff vong *Eye of 1 Tiger* Refrain in sein Glas auge. Ja, Unpa Lumpa hatte seit jungen Jahren sich 1 Glas auge machen gelassen, weil er 1 grose Fan vong Columbo und sein exelente Dedektiv Arbeit war und auch so sein wollte wie er. Sein Glas auge zesprang in 1000 Splitter so wie die Glasscheibe vong Becker Rothballers Ladentheke mit den köstlichen Laugenkringeln. Unpa Lumpa lies vong mir ab und sammelte die Splitter wieder ein und velangte umgehend 1 Prittstift, um die Splitter vong Glas auge wieder zusammen zun setzen.

Das gab mir 1 Zeit vorteil. Ich stürmte aus den Salun, um schnellstmöglichst ab zun haun, und sties vesehemtlich die Harly Devidsons, die draussen parkten, um. Ca. 1500 nebemeinandergeparkte Harlys fielen in Domino Effekt um. Ach, du dickes Ei. Da stellten sich mir auch schon 1 Horde Rocker in den Weg. Es handelte sich nemlich um die Harlys der Hölls Engels, 1 gefürchtete Rockergang. Der Amführer der Hölls Engels baute sich vor mir auf wie 1 Silber Rücken vor 1 Hyjäne, die die Gorilla Bebys aus den Affenrudel reissen will. Er war 1 Hollender und hies Dustin. Mit Nachnahme DeWind. Die kesse Rockerband Kenses hat ihn schong mal 1 Lied gewibmet, weil er den Leibwechter auf den ihre Welt Turnee war und denen 1 paar mahl das Lebem gerettet hatt. »Dustin DeWind. All we are ist Dustin DeWind.« 1 richig harter Knochen, dieser Dustin. So packte er mich an mein Hemdkragen, hob mich hoch und schrie: »Warun hast du mein Motorräder umgeschmeisen?« Ich erzählte ihn die ganze Geschichte vong Amfang an mit Mimigolf Weltmeiserschaft, den stückchen in Erdbeer Mamelade, Unpa Lumpa, der Becker Rothballer, ich als Mohnschnecke, der Flucht und mein abgetrennte Finger. Dustin fing bitterlich an zun weinen vong Mitgefühl her. Er ist 1 harte Schale, aber mit 1 sehr weiche Kern, und mein Geschichte berührte Dustin an der weichesten Stelle vong sein inneren Kern her. Gleichzeitig stieg sein Wut auch auf Unpa Lumpa. Wie konnte man so 1 gutherzigen Kerl wie mir sowas grauenvolles antun, der nichtmal was 1 Fliege zun Leide tun könnte. »Dem knöpf ich mir vor«, schnaubte Dustin vor Wut. Ich klammerte mich wie 1 Kuala Beby an sin Bauch fest, wo ich mich geschützt und geborgen fühlte, während der die Salun Türen mit beiden Henden heraus riss und schrie: »Unpa Lumpa, dein letze stunde hat geschlagen, du hans wurst!« Unpa Lumpa blickte kurz auf und entgegnete: »I han kein Zeit jetzt, ich muss mein Glasauge fertig kleben.« »Kein Problem, ich komm in 1 halbe Stunde nochmal, wenn dir des passt.« Unpa Lumpa antwortete: »Ja, halbe stumde ist supi, da bim ich sicher schong fertig, bis dann.« Mit einem zornigen Tschüssi ging Dustin wieder und kam in 1 halbe Stunde nochmal. Aber es war 1 Trick! Unpa Lumpa hatte Dustin und mich rein gelegt. Er war selbst schong über alle Berge durch die Hintertür geflüchtet. Doch diesmal wurde nicht ich, sondern Unpa Lumpa zun gejagten. Dustin gab mir 1 vong die Harleys und 1 Hölls Engels Kutte und sagte zu mir: »Dieses hinterlistige Dreckschwein bezahlt dafür mit sein Lebem ... Hier is your Harly, komm on und ride with us and smell den Taste vong Friedom!« Ich war nun offiziell 1 Hölls Engel. Ich lies mir noch schnell »Revensche Motherfakkcker Revensche« über mein Bauchdecke tetowieren, packte die Flamingo Frau in Beiwagen meiner Harley, und los ging die Jagd auf Unpa Lumpa. Er war nun vogel frei. »Meine Harly fehrt 210, schwups, die Polezei hat nix gesehn, ich will Spas, ich gib Gas, ich will Spas.« Obwohl unsere Harly gar kein 210 fehrt, schmetterten wir, als wir über die Route 66 bretterten, den Neue Deutsche Welle Megahit vong Markus und klatschten uns mit High 5 gegenseitig ab untern fahren. Als ich dann noch *Kleine Taschenlanpe brenn* in der mir höchst möglichem Stimm lage anstimmen wollte, wurde mir amgedroht, das sie mich wie 1 Hirschen aufbrechen würden, wenn ich weitersing. Wir vefolgten 1 konkrete Spur, und zwar war Unpa Lumpa süchtig nach Dr. Zoltan Brustkarmellen. 1 Kilometer weite Spur der Bong Bong Papiere zog sich die route 66 entlang und führte ums direkt zur Area 51. 1 sagenunwobener Ort, wo früher mal Auserirdische abgestürzt sein sollen und jetzt vong Regierung her abgerriegelt ist. Dort vor den Eingang stand auch Unpa Lumpas geklauter Krankenwagen. Was hat der da zun suchen? Dustin, die Flamingo Frau und ich gingen zur Pforte und baten den Pfötner um einlass. Der Pfötner fragte: »Können sie sich aus weisen?« Ich engegnete: »Wir kommen vong Regierung, ich bim der Minister für Secret Operations aus Amerika, wir wurden vong Presidenten geschickt, um Inwentur zu machen, und haben umser Personal Ausweis daheim vegessen.« Der Pfötner lies sich nicht täuschen. »Ohne Ausweis ist der Zugritt ausgeschlosen, sorry.« Nun vesuchte ich es mit 1 scherfere Ton: »Jetzt höhren sie MIR mal zu, sie Schiesbudenfigur – sie haben 2 Möglichkeiten: Entweder sie lassen ums jetzt rein und behaltem ihre langweilige Job, in den sie nur 1 Knopf drücken müssen, damit die bekackte Schranke hoch geht, oder ich werde dafür sorgen, das sie gefeuert werden und 1 Pawian sie ersetzt, denn das, was sie hier machen, schafft locker 1 Pawian, sie jemmerlicher Versager. Wie wollen sie das ihre Frau und Kinder erzehlen, das jetzt 1 Affe ihren Job macht? Wissen sie, was dann passiert? Ihre Frau verlesst sie dann für den Pawian, weil der es ihr besser besorgen kann als sie. Der Pawian würde ums immer wieder ohne Ausweis rein lassen, weil der weis, das die Inwentur auf der Pirouettenliste des Presedenten vong den versteinigten Staten auf oberste Stelle steht, sie nicht nutziges, erbermliches Stück Vogelscheise.« Der Pfötner holte 1 Elektro Schocker raus und streckte uns 3 mit Stromschlegen nieder. Wir zappelten alle 3 an Boden wie frisch geangelte Karpfen an Land, die mit ihre Münder nach Luft schnappten, die sie nicht atnen konnten. Schnappen Karpfen also an Land dann nach Wasser? Man weis es nicht. Wie den auch sei, mein Plan ging mechtig in die Hose. 1 schwarzer Vän

17

näherte sich ums und vermumte Menner verfrachteten ums in den Kofferraum und fuhren mit quietschende Reifen los. Wir wachten in 1 grosen Raum wieder auf, der uns 1 bizarres Bild bot. Über uns hingen umzehlige Disco Kugeln, und wir lagen in 1 Art Gasse, die auserirdische in masgenscheiderten Anzügen und übergrosen Köpfen bildeten. Die Gasse führte zu 1 Plattform, auf der 1 riesige veschlossene Lila farbene Lotus Blüte stand. Die Plattforn fuhr in die Höhe, und die Lotus Blüte öffnete sich, und Unpa Lumpa kam in 1 Disco Outfit zun Vorschein und peformte den Hit vong Wild Tscherry – *Play thet funky Musik, white Boy.* Die Auserirdischen, die die Gasse bildeten, fingen an, Line Dance zun machen. Wie in 70er Jahre bewegten sich die hintesten 2 der Gasse und tanzten mit funky moves durch die Gasse, während Unpa Lumpa mit sein Band den Song spielte. Er war 1 Meister der Inzenierung, das muss man ihn lassen. Wir lagen immer noch im der Gasse, und die Aliens line danceden über ums hinweg, bis die Musik verstummte. Unpa Lumpa sprach: »I han euch schong erwartet. Wie ich sehe, seid ihr mein spur vong Brustkarmellenbongbongpapieren gefolgt! Und nun gebt mir emdlich das, was ich will!« Immer noch an Boden liegend, schauten wir 3 ums ratlos an. Was sollten wir habem, was er wollte? Unpa Lumpa griff in sein Haare und zog vong dort aus 1 Reisverschluss öffnend bis in seine Schritt herunter. Die Hülle Unpa Lumpas fiel zu Boden wie 1 Overroll, den 1 Bauabeiter nach Feierabend auszieht, um in die Dusche zun steigen und nach 1 harte Arbeitstag sein hart vediente Bier zun trinken, während der *Tatort* lief, wiederholung mit Schimamski (Ruhe im Frieden), und 1 Auserirdischer kam zun Vorschein. Wir trauten unseren Augen kaum, er hatte Unpa Lumpas Körper nur benutzt, nachden er sein innerstes mit 1 Art auserirdischen Staubsauger ausgesaugt hatte ... Sein Sehle, Nieren, Blut ... alles in 1 auserirdischen Staubsaugerbeutel. Diese skrupellosen Dreckschweine. »Mein Name ist Flux3000 vong Planeten Sonne. I bim mit meine Raunschiff auf der Erde abgestürzt und komme nicht mehr zurück, solange du mir nicht gibst, was ich brauche.« Aber was hatte ich, was er brauchte, um zurück zu kommen? Fragte ich ihm. »Dein Chempionship Ring der Minigolf Weltmeiserschaft 2013. Er ist aus Kometengold geschmiedet – das letzte Stück Kometengold, was auf der Erde exestiert. Mein Raunschiff fliegt nur mit Kometengold. Ohne ihn komm ich nicht mehr zurück zur Sonne.« Ich stand auf und schrie: »Was, mein Minigolf Chempionship Ring? Nur über mein Leiche! Diese Ring ist das einzigste, was mir in mein Lebem noch was bedeuten!« Was wir nicht wussten war, das Flux 3000 so 1 Art Diktator auf der Sonne war und die Auserirdischen, die die Line-Dance-Gasse bildeten, sein Besatzung auf den abgestürzten Raunschiff waren. Dustin hohlte sich die imfomation, als er kurz aufs Klo ging und dort 1 kleine auserirdischen Kind traf, das weinte und ihm das alles erzehlte. Er ist seit ca 5 Jahre auf der Erde, und seitden er weg ist, herrschte emdlich Frieden auf der Sonne, sollte er zurück kehren, würde er das Sonnenvolk weiter unterdrücken und sein Plan nach gehem, den Sonne für immer zun verdunkeln und somit auch alle Lebem auf der Erde aus zun löschen. Das Schicksahl der Erde hing also an meine Finger in Form vong 1 Minigold Chempionship Ring! Flux3000 schrie: »Dann muss ich die ebend töten.« Er hob 1 Box vong Boden auf und stellte sie sich auf seim Kopf. Es war die Box vong Pantherra, die in heutige Mütologie oft vorkommt, denn Flux3000 war vor 2000 Jahre schong mal hier und hat geholfen, die Püramiden zun bauen, um so die

Landepunkte auf der Erde vong der Sonne aus besser zun erkennen. Er war auch Schuld an Tot vong Tut Elch Amun, der Egyptischen Mumie. Er stellte die Box also auf seine Kopf, ballte seine beiden Hende zun 1 Faust und feuerte 1 Ladung Kobaltstralen auf mich! Die Flamingo Frau schrie »Neeeeeein« umd warf sich todes mutig vor mich und fing die Kobaltstrahlen ab. Sie zerfiel vong 1 auf andere Sekunde zu Staub. Nur noch ihre rote Flamingo Kleid und die Kastanjetten blieben heil. Ich fing an zun laufen, raus aus den Gebeude und quer über das Arial der Area 51. Flux3000 vefolgte mich, doch er konnte nicht so schnell, weil er untern laufen die Box auf seinen Kopf balangsieren musste. Wie 1 sexy Feldhase schlug ich untern laufen haken und wich so den Kobaltstrahlenschüssen aus. Die Vefolgungsjagd ging bis auf den Gipfel vong 1 Wulkankrater. Ich blieb vor den Krater stehn und hielt den Ring über die Schlucht, im der die Lava blubberte. »Wenn du dem Ring willst, musst du ihn dir hohlen!« Flux3000 war vong den Gedanken, so nah an sein Ziel zun sein, das sein Hirn aussetzte. Er stürmte Richtung Ring, doch in den Monent, als er nach den Ring greifen wollte, zog ich ihn weg umd stellte ihn 1 Bein, so dass er in den Krater stürzte und in der Lava schmolz. Die Welt UND die Sonne waren gerettet. Ich ging zurück zu der Arena 51, um nach Dustin und Flux3000 sein Besatzung zun sehen. Als ich erzehlte, was geschah, brach 1 Jubel unter den Auserirdischen aus, aber gleich zeitig waren die traurig, weil die ihre Best Frends und Vewandschaft auf der Sonne wohl nie wieder sehen würden. In 1 Akt aus Selbstlosigkeit übergab ich ihnen mein Minigold Chempionship Ring und sagte: »Tankt eure Raunschiffe, Jungs, und fliegt zurück nach Hause. Was ist schong so 1 Ring in Gegensatz zu 30 glückliche Auserirdische? Es simd die Dinge in Herzen, was wertvoller sind als jede Geld, egal ob auf der Sonne oder unsere Mutter Erde, je bezahlen könnte?« Die Auserirdischen konnten ihre Glück kaum fassen und küssten mich und sangen in Kanon: »Oh, he's 1 Jolly gut fellow, oh, he's 1 jolly gut fellow, oh, he's 1 jollly gut feeeheelow, und nobody can't deny.« Sie ernannten mich zun König der Sonne und flogen fort in 1 Leben in Piece und Harmony. Dustin und ich stiegen auf unsere Harlys und fuhren Richtung Sonne Untergang, während ganz laut *I won't let the sun go down on me* vong Nick Kershaw in Abspann lief.

Ein Minigolf-Sportkrimi

Es war wieder einer dieser Augusttage, an denen man sich fragt: »Ach, Kinder, wo ist nur die Zeit geblieben?« Ich ließ mir meine Zähne bleachen und meine Locken glätten, für ein noch souveräneres Auftreten. Denn heute war es wieder so weit: Weltmeisterschaft im Miniaturgolfen. All meine Schläger waren für einen guten Flow frisch mit Baby-Öl poliert. Ich hatte ausgiebig gefrühstückt: Toast mit Erdbeermarmelade – die streichzarte ohne Stückchen. Ich würde die Firma Schwartau am liebsten für die Stückchen verklagen. Ich glaube ja, dass das gar keine richtigen Erdbeerstückchen sind. Das sind eher so mit Fäden durchzogene Batzen, vermutlich ein Gemisch aus Wachs, Marzipan und Fett – mit besonders vielen Zusatzstoffen. Das fühlt sich im Mund exakt so an, als würde man auf einem menschlichen Auge kauen.

Mein Caddy hupte genau dreimal. Das war das Zeichen dafür, dass er unter meinem Fenster stand. Er war jahrelang mit seiner Band – der »Caddy Family« – auf Tour gewesen. Leider bekam er irgendwann physische Probleme, weil sie zu zwölft inklusive ihrer Instrumente über fünf Jahre hinweg in einem kleinen VW-Bus leben mussten. Da er damals noch Liliputaner war, schlief er im Handschuhfach des Busses. Inzwischen ist er jedoch solide 1,79 Meter groß, aber sein Spitzname blieb Umpa Lumpa.

Er hupte erneut dreimal, doch ich ging nicht runter. Ich hatte eine Blockade. Wie zur Salzsäule erstarrt saß ich auf der Küchenzeile und weinte. Was, wenn ich vergessen hatte, wie die Sache mit dem Miniaturgolfen geht? Wie halte ich meinen Schläger? Bahn neun, der rote Ball aus Gummi, oder doch der braune, der den Aufprall an der Bande abfedert? Das war ein klarer Fall von Blackout. Mein Caddy hupte inzwischen seit drei Minuten im Stakkato. Dann herrschte plötzlich Ruhe – und auf einen Schlag wieder nicht mehr. Ein Scheibenklirren riss mich aus meiner Angststarre. Umpa Lumpa schmiss vor lauter Zorn meinen Koffer voller Minigolfbälle durchs Fenster. Ich fühlte mich in diesem Moment wie Sylvester Stallone in dem Film *Daylight*. Mein (in diesem Fall psychischer) Tunnel stürzte in dem Moment ein, als der Koffer durchs Fenster geflogen kam und sich die Minigolfbälle wie giftige Chemikalien in der Wohnung verteilten – genau wie im Film. Gift für meine Psyche, die dem Druck, Weltmeister zu werden, nicht mehr gewachsen war. In geduckter Haltung ging ich zum Fenster und spähte hinaus. Umpa Lumpa stand wutentbrannt unten und gestikulierte wild mit seiner Faust, während er schrie: »Komm runter, du mieses Schwein, ich mach dich fertig.« Ich erschauderte mehrmals, als mir klar wurde, dass Umpa Lumpa mich töten würde.

Ich versuchte mich zu sammeln, da ich mich in einer Extremsituation befand, in der Sekundenbruchteile über Leben und Tod entscheiden konnten. Umpa Lumpa fing nun an, mit Streusplit gespickte Schneebälle durch die zerborstene Scheibe zu schmeißen. Ein einziger Treffer könnte mich mein Augenlicht kosten. Ich musste handeln! Ich setzte mir meine Taucherbrille auf und robbte im Schneeball-Streusplit-Hagel Richtung Wohnungstür. Links und rechts neben mir schlugen die Schneebälle ein und rollten über das Linoleum, um wie die Monsterwellen des Pazifiks an den Irischen Klippen von Moher hier an der Wand zu zerbersten. Unter Todesangst gelang es mir, die Türklinke zu betätigen, die Tür zu öffnen und mich in den Hintereingang der Bäckerei Rothballer, der vom Hausflur aus erreichbar war, zu flüchten. Die Rothballer Brezen waren stadtbekannt, da sie nicht die übliche Brezenform hatten, sondern Brezenkringel waren. Er hatte vor Jahren einen Prozess vor dem Obersten Gerichtshof verloren, weil er die allseits beliebten Laugenkringel Brezen genannt hatte, obwohl diese nicht brezenförmig waren. Wer bei ihm an der Ladentheke auf die Kringel zeigte und sagte »Ich hätte gerne eine dieser Brezen«, musste zwei Euro in das Sparschwein werfen, um die Prozesskosten zu decken. So stürmte ich von hinten in die Bäckerei und flüsterte: »Pssst, Herr Rothballer, Sie müssen mir Unterschlupf gewähren. Ich befinde mich in Lebensgefahr.« Bäcker Rothballer willigte ein, und so verkleidete ich mich als Mohnschnecke und legte mich zu den anderen Leckereien in die Auslage. Es dauerte nicht lange und schon ertönte das Klingeln der Ladentür. Es war Umpa Lumpa, der vor lauter Wut hungrig geworden war und sich stärken wollte, damit er genügend Energie hatte, um mich ins Jenseits zu befördern. »Sie wünschen?«, fragte Bäcker Rothballer. Umpa Lumpas skeptischer Blick wanderte zwischen mir, der Mohnschnecke, und den Laugenkringeln hin und her. Ich betete zu Gott, dass er sich nicht für die Mohnschnecke entscheiden würde. »Ich hätte gerne eine dieser Brezen«, sagte Umpa Lumpa. Bäcker Rothballer maßregelte ihn und sagte, dass es Laugenkringel seien, händigte ihm den Kringel aus und forderte ihn auf, zwei Euro in das Sparschwein für die Prozesskosten zu werfen. Umpa Lumpa fing an zu schreien: »WAS? Zwei Euro? Sie spinnen doch, Sie bekacktes Dreckschwein!« Kurz nachdem seine Worte des unbändigen Zorns über seine Lippen gekommen waren, nahm er das Prozesskostensparschwein und warf es mit voller Wucht auf Bäcker Rothballers von einem Haarkranz umringtes kahles Haupt. Bäcker

Rothballer war sofort tot. Er sackte zusammen, und die Zwei-Euro-Stücke rollten über seinen leblosen Körper hinweg. Im Radio lief weiter der *Macarena,* als ob nichts geschehen wäre. Als der leblose Körper auf dem krümeligen Bäckereiboden aufschlug, erschrak ich so, dass mir ein schrilles, lautes »Huch!« herausrutschte, was von Umpa Lumpa nicht unbemerkt blieb. Ganz genau inspizierte er die schmackhaften Gebäckteilchen in der Auslage, bis er Augenkontakt mit mir, der Mohnschnecke, aufgenommen hatte.

Um nicht nervös zu wirken, dachte ich an etwas ganz Alltägliches. An einen Fahrradschlauch, zum Beispiel. Wie wechselt man den fachmännisch aus? Sind die Kalamari vom Griechen um die Ecke aus demselben Material, nur mit Panade? Zack – mit einem Schlag zerbarst die Thekenscheibe und die Splitter prasselten auf mich herab wie die silbernen Fetzen bei *Wer wird Millionär?,* wenn tatsächlich mal ein Kandidat die Million gewinnt. Ich hingegen war in dem Moment eher in einer Verlierersituation. Umpa Lumpa schrie, während die Splitter auf mich herabregneten: »Da ist ja das Schwein, verkleidet als Mohnschnecke! Und für so eine Witzfigur hab ich jahrelang die Schläger geschleppt?« Wieder wie im Film flogen die Blitze tief in der Donnerkuppel. Er nahm ein Wespennest aus seiner Hosentasche und drückte es auf den Zuckerguss, der mich vollständig bedeckte. Ich streckte meine zu einer Schnecke zusammengerollten Arme aus und versuchte hektisch, unter dem hämischen Gelächter Umpa Lumpas, die Wespen zu vertreiben. »HOHOHAHAHÖHOHOHU!« Er ballte seine Faust, welche er wie Skeletor oder ein anderer beliebiger Bösewicht triumphierend in die Luft streckte. »HOHOHOHOHAHAHAHO-HOHAHÄHÄHÄÄÄ!« Er verdrehte dabei seine Augen und der Speichel floss ihm aus den Mundwinkeln, als hätte er einen epileptischen Anfall. Das war meine Chance. Während Umpa Lumpa sich in einen rauschähnlichen Zustand lachte und die Welt um sich herum zu vergessen schien, kletterte ich unter den schmerzhaften Stichen der schwarz-gelben Terrororganisation der Natur klammheimlich aus der Ladentheke, vorbei an Umpa Lumpa und hinaus in die Freiheit. Ich musste mein Zuhause hinter mir lassen. Zurückkommen war keine Option, solange Umpa Lumpa noch am Leben war und mich jagen würde.

Ich bog mit meinem Piaggio Ape bei der Albert-Schweitzer-Straße halb links ab, folgte somit der Vorfahrtstraße, fuhr vorbei am Modeschmuck des Bijou Brigitte und direkt auf die Route 66. Ich hatte den Laden erst einmal besucht und erlitt damals, als ich mich drinnen aufhielt, um mir einen dicken, wenn auch falschen Diamantring zu gönnen, eine akute Plastikvergiftung. Ich atmete damals die Plastikdämpfe der Milliarden von Schmuckstücke für nur fünf Minuten ein. Es hatte sich ein stechender Schmerz in meiner Schläfe bemerkbar gemacht ... Das ist meine letzte Erinnerung. Dann wachte ich im Krankenhaus wieder auf. Drei Jahre später. So lange hatte ich im Koma gelegen, bis die Ärzte sich dazu entschlossen, mich zurück ins Leben zu holen. Drei Jahre an Modeschmuck verschenkt. An Hersteller, die sich auf den Rücken von armen chinesischen Menschen, die für einen Yen am Tag wie Roboter in riesigen Fabriken arbeiten, eine goldene Nase verdienen. Die kapitalistische Inkarnation Bijou Brigitte werde ich definitiv nicht vermissen! So fuhr ich die ersten Kilometer auf der Route 66. Der Geruch der Freiheit und der Fahrtwind streichelten mein Haar. Ich drehte das Radio auf, und aus den Lautsprechern ertönte ein Lied, das mein momentanes Gefühl nicht besser hätte widerspiegeln können: »I was a Highwayman«. Johnny Cash hatte unbestritten recht. Ich setzte mir also meinen Cowboyhut auf und fuhr, mit einem Zahnstocher im Mund, Richtung Sonnenuntergang.

Nachdem mein treues Gefährt Piaggo Ape etliche Meilen hinter sich hatte, gönnte ich ihm und mir eine kleine Pause und steuerte eine Biker-Bar an, die mitten in der Prärie stand. Einem Karatekick gleich trat ich die Schwingtüren des Saloons auf, stellte mich breitbeinig in den Eingangsbereich und rief der Frau hinter der Theke zu: »Hey, Püppchen, ich hatte 'nen wirklich schlechten Tag, mach mir einen doppelten Scotch.« Ich setzte mich an die Theke und trank den Scotch mit einem Schluck aus. Jedoch hatte ich Mühe, ihn hinunterzuschlucken. Er kam immer wieder hoch, da ich so starken Alkohol nicht gewohnt war. Nach dem fünften Würgen erreichte er schließlich meinen Magen. Einmal bezahlt, fünfmal getrunken. Sparfuchs sollte mein mittlerer Name werden.

Mir gegenüber saß SIE alleine am Tresen. Ihr sanfter Körper in ein rotes Flamencokleid gehüllt, suchte sie innigsten Blickkontakt mit mir, dem ich ob der Laszivität nicht widerstehen konnte und den ich souverän erwiderte. Sie hatte in jeder Hand Kastagnetten und kam nun mit einer unglaublich Leichtigkeit auf mich zu getanzt, während sie lauthals sang: »BAILA BAILA BAILA – BAILA BAILA BE – SI SENORA UN GITARRE – QUE YO SEMPRE MANCHARE!« Vor lauter Begeisterung konnte ich mich nicht mehr auf dem Barhocker halten. Sie war das personifizierte Spanische Feuer. Sie war die Chorizo unter den Salamis. Sie war die Inkarnation des Flamenco. Wir umkreisten uns tanzend, während sie weitersang. Sie klackerte mit den Kastagnetten, und ich klatschte im Takt mit bis ... ja, bis ich mit meinem kleinen Finger zwischen ihre Kastagnetten geriet, die sich mit der Wucht einer Autopresse auf und zu bewegten. Mein kleiner Finger wurde abgetrennt, und ich brach mit schmerzverzerrtem Gesicht auf dem Boden zusammen. Ich lag schüttelfrostartig zitternd in Embryonalstellung unter der Theke. Ein paar Jugendliche hoben den Finger auf, lutschten ihn an und gaben mir zu meiner weiteren Demütigung einen feuchten Futzi ins Ohr. Die Frau hinter der Bar verständigte währenddessen einen Krankenwagen. Von mir ungeahnt, schloss Umpa Lumpa in der Stadt einen Notarztwagen kurz, als auf dem Walkie-Talkie des Fahrzeuges ein Notruf einging: »Zentrale an Wagen 8. Abgetrennter Finger im Biker-Saloon. Auf der Route 66. Bitte melden.« Umpa Lumpa bestätigte den Eingang, schaltete das Blaulicht ein und fuhr mit viel Tatü und ein bisschen Tata in Richtung Unfallort.

Ein altes Sprichwort besagt, angeschossene Hunde bellen nicht. So lag ich schwer verletzt, mit meinem kleinen Finger in der Hosentasche, noch immer unter der Saloontheke. Die von einem schlechten Gewissen geplagte Flamencodame dachte, ich läge im Sterben, versuchte mich mit einer Herzdruckmassage am Leben zu halten und rief: »Du darfst nicht sterben, Puma!« Sie dachte im Ernst, ich hieße Puma, da mein Minigolfjackett von der Firma Puma war und somit deren Logo trug. Was war nur los mit ihr? Ich öffnete mühsam meine Augen, meine Augenlider fühlten sich an, als wären sie tonnenschwer, und sah in ihr durch Tränen und Make-up beflecktes Gesicht. Ich hauchte ihr schwer atmend zu: »Nur ein sexy Kiss von dir kann mich jetzt noch retten, crazy chicka Bonita, Maskara, la rumba, cowabunga, tengo dinero, samba samba, Senorita, Disco Pogo Dingelingeling, boomchickawawa, Mama say Mama sa mama coosa, Mama say Mama sa mama coosa. Wanna be startin' something?« In dem Moment, als sie sich zu mir herunterbeugte, um mich zu küssen, wurde die Saloontür aufgestoßen und jemand rief:»Tatütata, der Notarzt ist da! Wo ist denn unser Patient?«

Der vermeintliche Notarzt kniete sich gerade neben mich, als ich realisierte, dass dies gar kein echter Notarzt war, sondern Umpa Lumpa. Auch Umpa Lumpa lächelte verschmitzt und sagte:»Tja, da kann man leider nichts mehr machen. Es wird am besten für ihn sein, wenn er stirbt.« Also fing er an, mich mit beiden Händen zu würgen. Niemand griff ein, weil alle dachten, dass er schon wüsste, was er tat, und somit alles seine Richtigkeit hätte. Er war ja schließlich Arzt. Ich jedoch befand mich im Todeskampf. Er drückte meinen Kehlkopf immer fester zu, und mein Leben zog in meinen scheinbar letzten Minuten noch einmal an meinem inneren Auge vorbei. Lauter gute Erinnerungen, wie zum Beispiel das eine Mal, als die Guppies im Aquarium in meinem Kinderzimmer Nachwuchs bekamen, oder als ich im Armdrücken mit meiner rechten Hand gegen meine linke gewonnen hatte. Sollten all diese wunderbaren Erinnerungen für immer verblassen, nur weil ein hasserfüllter, ehemaliger Liliputaner Gott spielen und über Leben und Tod entscheiden wollte? Auf keinen Fall! Im Radio lief das Lied *Eye of the Tiger*. Es war wie ein Zeichen. Ein Zeichen für mein Comeback. Das Comeback des Jahres. Das größte Comeback seit Henry Maske, der zehn Jahre nach seinem letzten Kampf noch mal zurückkam, um gegen seinen Erzfeind, Virgil Hill, zu gewinnen, nur um jetzt ein McDonald's-Restaurant zu leiten.

Ich puhlte unter schwerster Atemnot meinen abgerissenen Finger aus der Hosentasche und stach Umpa Lumpa im Takt mit dem Gitarrenriff in sein Glasauge. Ja, Umpa Lumpa hatte sich in jungen Jahren ein Glasauge einsetzen lassen, da er ein großer Fan von Columbo sowie dessen exzellenter Detektivarbeit gewesen war und so sein wollte wie er. Sein Glasauge zersprang in tausend Teile – so wie vorhin die Glasscheibe von Bäcker Rothballers Ladentheke mit den köstlichen Laugenkringeln. Umpa Lumpa ließ von mir ab, um die Splitter wieder einzusammeln. Er verlangte umgehend einen Prittstift, um das Auge wieder zusammenkleben zu können. Das verschaffte mir einen enormen Zeitvorteil. Ich stürmte also aus dem Saloon, um so schnell wie möglich wegzulaufen. Dabei stieß ich versehentlich die Harley-Davidsons um, die draußen geparkt worden waren. Ach, du dickes Ei! Sofort stellte sich mir eine Horde Rocker in den Weg. Es waren nicht irgendwelche Motorräder, es waren die Harleys der »Hölls Engels«, einer gefürchteten Rockergang.

Der Anführer der Hölls Engels baute sich vor mir auf wie ein Silberrücken vor eine Hyäne, die die Gorillababys aus dem Affenrudel reißen will. Er hieß Dustin und war Holländer. Mit Nachnamen deWind. Die kesse Rockerband Kansas hatte ihm mal ein Lied gewidmet, nachdem er auf einer ihrer Welttourneen ihr Leibwächter gewesen war und ihnen dabei ein paarmal das Leben gerettet hatte. »Dustin deWind, all we are is Dustin deWind.« Dieser Dustin war ein richtig harter Knochen. So packte er mich an meinem Hemdkragen, hob mich hoch und rief: »Warum hast du unsere Motorräder umgeschmissen?« Daraufhin erzählte ich ihm die ganze Geschichte – von Anfang an. Ich erzählte ihm von der Minigolf-Weltmeisterschaft, von den Stückchen in der Erdbeermarmelade, von Umpa Lumpa, von dem Bäcker Rothballer, von mir als Mohnschnecke, von der Flucht und natürlich von meinem abgetrennten Finger. Dustin fing schon während meiner Erzählung an, bitterlich zu weinen.

Er habe zwar eine harte Schale, dafür aber auch einen sehr weichen Kern, erklärte er mir, und meine Geschichte berühre ihn an der weichsten Stelle seines innersten Kerns.

Gleichzeitig stieg aber auch seine Wut auf Umpa Lumpa. Wie konnte man so einem gutherzigen Kerl wie mir, der nicht mal einer Fliege was zuleide tun könnte, so etwas Grauenvolles antun? »Den knöpf ich mir vor«, schnaubte Dustin vor Wut. Ich klammerte mich wie ein kleines Koalababy an seinem Bauch fest, wo ich mich geschützt und geborgen fühlte, während Dustin mit beiden Händen die Saloontüren herausriss und rief: »Umpa Lumpa, dein letztes Stündlein hat geschlagen, du jämmerlicher Hanswurst!« Umpa Lumpa blickte kurz auf und entgegnete: »Ich hab jetzt keine Zeit, ich muss mein Glasauge fertigkleben.« Daraufhin erwiderte Dustin: »Kein Problem, dann komm ich in einer halben Stunde noch mal wieder, wenn dir das besser passt?« Umpa Lumpa antwortete: »Ja, in einer halben Stunde wäre super, bis dahin bin ich sicher fertig.« Mit einem zornigen »Tschüssi« ging Dustin und kam eine halben Stunde später zurück.

Aber all das war ein Trick gewesen! Umpa Lumpa hatte Dustin und mich reingelegt. Er war in der Zwischenzeit durch die Hintertür geflüchtet und über alle Berge davongelaufen. Doch dieses Mal wurde der Spieß umgedreht und nicht ich, sondern Umpa Lumpa wurde zum Gejagten. Dustin gab mir eine von den Harleys sowie eine Kutte der Hölls Engels und sagte zu mir: »Dieses hinterlistige Dreckschwein bezahlt dafür mit seinem Leben. Here is your Harley, come on and ride with us and smell the taste of freedom!« Ich war nun also offiziell ein Mitglied der Hölls Engels. Ich ließ mir noch schnell »Revenge, Motherfucker, Revenge« auf meinen Bauch tätowieren, packte die Flamencodame in den Beiwagen meiner Harley, und los ging die wilde Jagd auf Umpa Lumpa. Er war nun vogelfrei.

»Meine Harley fährt 210, schwups, die Polizei hat nix gesehn, ich will Spaß. Ich geb Gas, ich will Spaß!« Obwohl unsere Harleys keine 210 km/h fahren, schmetterten wir, als wir über die Route 66 bretterten, den Megahit von Markus der Neuen Deutschen Welle aus vollem Hals vor uns hin und klatschten uns gegenseitig während der Fahrt mit High fives ab. Als ich dann jedoch noch *Kleine Taschenlampe brenn* in der mir höchstmöglichen Stimmlage anstimmen wollte, wurde mir angedroht, dass sie mich wie einen Hirschen aufbrechen würden, wenn ich weitersänge. Wir verfolgten eine konkrete Spur. Umpa Lumpa war süchtig nach Dr. C. Soldans Lutschpastillen. Eine Spur aus Bonbonpapier zog sich die gesamte Route 66 entlang und führte uns direkt zur Area 51. Ein sagenumwobener Ort, an dem früher wohl Außerirdische abgestürzt sein sollen und der jetzt von der Regierung streng abgeriegelt wird. Dort vor dem Eingang stand auch Umpa Lumpas gestohlener Krankenwagen. Was hatte der hier zu suchen? Dustin, die Flamencodame und ich gingen zur Pforte und baten den Pförtner um Einlass. Der Pförtner jedoch fragte: »Können Sie sich ausweisen?« Ich entgegnete: »Wir kommen von der Regierung. Ich bin der Minister für Secret Operations. Wir wurden vom Präsidenten höchstpersönlich geschickt, um die Inventur durchzuführen. Wir haben aber leider unsere Ausweise zu Hause liegen lassen.« Der Pförtner ließ sich nicht beirren: »Ohne Ausweis ist der Zutritt leider strengstens verboten, tut mir leid.« Nun versuchte ich es mit einem etwas schärferen Tonfall: »Jetzt hören Sie mir mal zu, Sie Schießbudenfigur. Sie haben genau zwei Möglichkeiten. Entweder Sie lassen uns jetzt rein und behalten Ihren langweiligen

Job, bei dem Sie nur einen Knopf drücken müssen, damit die bekackte Schranke hoch geht, oder ich werde dafür sorgen, dass Sie gefeuert und durch einen Pavian ersetzt werden. Denn das, was Sie hier machen, schafft ein Pavian mit links, Sie jämmerlicher Versager. Wie wollen Sie das Ihrer Frau und Ihren Kindern erklären, dass jetzt ein Affe Ihren Job macht? Wissen Sie, was dann passiert? Ihre Frau verlässt Sie für den Pavian, weil der es ihr besser besorgen kann, als Sie es je getan haben. Der Pavian würde uns immer wieder ohne Ausweis reinlassen, weil der weiß, dass die Inventur auf der Prioritätenliste des Präsidenten der Vereinigten Staaten an oberster Stelle steht, Sie nichtsnutziges, erbärmliches Stück Vogelscheiße!« Der Pförtner holte einen Elektroschocker hervor und streckte uns mit Stromschlägen nieder. Wir zappelten alle drei am Boden wie frisch geangelte Karpfen an Land nach Luft schnappend. Oder schnappen Karpfen an Land nach Wasser? Man weiß es nicht. Wie dem auch sei, mein Plan ging gehörig schief. Ein schwarzer Transporter näherte sich uns, vermummte Männer verfrachteten uns in den Kofferraum und fuhren mit quietschenden Reifen davon.

Wir wachten in einem großen Raum auf. Dieser bot uns ein bizarres Bild. Über uns hingen unzählige Discokugeln, und wir lagen in einer Art Gasse, an der die Außerirdischen mit ihren maßgeschneiderten Anzügen und überdimensionalen Köpfen Spalier standen. Die Gasse führte zu einer Plattform, auf der eine riesige, lilafarbene Lotosknospe stand. Die Plattform fuhr in die Höhe, die Lotosknospe öffnete sich, und Umpa Lumpa kam in einem Disco-Outfit zum Vorschein. Er tanzte und sang Wild Cherrys Hit *Play that funky music, white boy*. Die Außerirdischen, die die Gasse bildeten, begannen die Choreografie eines Line Dance. Wie in den 70er Jahren bewegten sich die letzten zwei in der Gasse und tanzten mit flippigen Bewegungen durch die Gasse, während Umpa Lumpa mit seiner Band spielte. Er war ein Meister der Inszenierung, das musste man ihm lassen. Wir lagen noch immer in der Gasse, und die Aliens tanzten über uns hinweg und um uns herum, bis die Musik verstummte.

Und Umpa Lumpa sprach: »Ich hab euch erwartet. Wie ich sehe, seid ihr meiner Spur aus Bonbonpapier gefolgt. Und nun gebt mir endlich, was ich die ganze Zeit schon wollte!« Immer noch am Boden liegend, schauten wir uns ratlos an. Wir sollten haben, was er wollte? Was war das denn? Umpa Lumpa griff in seine Haare und zog einen versteckten Reißverschluss vom Kopf bis in den Schritt auf. Umpa Lumpas Hülle fiel zu Boden wie ein Overall, den ein Bauarbeiter nach Feierabend auszieht, um in die Dusche zu steigen und um dann nach einem harten Arbeitstag sein hart verdientes Bier zu trinken, während der *Tatort* läuft – eine Wiederholung mit Schimanski (Ruhe in Frieden). Und ein weiterer Außerirdischer kam zum Vorschein. Wir trauten unseren Augen kaum. Er hatte Umpa Lumpas Körper nur benutzt, nachdem er dessen Innerstes mit einer Art außerirdischem Staubsauger ausgesaugt hatte. Seine Seele, seine Nieren, sein Blut; alles war in einem außerirdischen Staubsaugerbeutel gelandet. Skrupellos! »Mein Name ist Flux3000 vom Planeten Sonne. Ich bin mit meinem Raumschiff auf der Erde abgestürzt und komme nicht mehr zurück, solange du mir nicht gibst, was ich brauche!« Aber was hatte ich, was er brauchte, um zurückzukommen? Ich wusste es nicht, also fragte ich ihn. Er antwortete: »Dein Championshipring der Miniaturgolf-Weltmeisterschaft 2013. Er ist aus Kometengold geschmiedet – das letzte Stück Kometengold, das auf der Erde noch existiert. Mein

Raumschiff kann nur mit Kometengold angetrieben werden. Ohne den Ring komme ich nicht mehr zurück zur Sonne.« Ich stand auf und rief: »Was? Meinen Minigolf-Championshipring willst du? Nur über meine Leiche! Dieser Ring ist das Einzige, was mir in meinem Leben noch etwas bedeutet!«

Was wir jedoch nicht wussten, war, dass Flux3000 der Diktator auf der Sonne war und die tanzenden Außerirdischen seine Besatzung aus dem abgestürzten Raumschiff. Dustin erhielt diese Information, als er kurz auf die Toilette ging und dort ein kleines außerirdisches Kind traf, das ihm weinend alles erzählte. Sie seien seit ungefähr fünf Jahren auf der Erde und seitdem herrsche endlich Frieden auf der Sonne. Sollte Flux3000 zurückkehren, würde er das Sonnenvolk erneut unterdrücken und seinen Plan weiterverfolgen, die Sonne für immer zu verdunkeln. Er wollte damit auch jegliches Leben auf der Erde auslöschen. Das Schicksal der Erde hing also in Form eines Rings an meinem Finger. Flux3000 rief: »Dann muss ich dich eben töten!« Er hob eine Box vom Boden auf und hielt sie hoch. Es war die Büchse der Pandora, welche in der Mythologie häufig vorkommt. Flux3000 war vor über zweitausend Jahren schon einmal auf der Erde gewesen und hatte dabei geholfen, die Pyramiden zu erbauen, um so die Landepunkte auf der Erde von der Sonne aus besser erkennen zu können. Er war auch damals Schuld am Tod von Tutelchamun, dem ägyptischen Pharao. Er stellte die Büchse auf seinen Kopf, ballte beide Hände zu Fäusten und feuerte eine Ladung Kobaltstrahlen in unsere Richtung. Die Flamencodame schrie »NEEEEEIN!« und warf sich todesmutig vor mich. Sie fing die Kobaltstrahlen ab und zerfiel von einer Sekunde auf die andere zu Staub. Nur ihr rotes Kleid und die Kastagnetten blieben zurück. Ich lief los, raus aus dem Gebäude und quer über das Arial der Area 51. Flux3000 folgte mir. Ich hatte Glück. Er musste beim Laufen die Büchse auf seinem Kopf balancieren und konnte nicht so schnell laufen wie ich. Ich schlug Haken wie ein Feldhase und wich so den Kobaltstrahlen aus, die er aus der Büchse schoss. Die Verfolgungsjagd ging bis auf den Gipfel eines Vulkankraters. Ich blieb davor stehen und hielt den Ring über die Schlucht, in der die Lava brodelte. »Wenn du den Ring willst, musst du ihn dir schon holen«, provozierte ich ihn. Flux3000 war so aufgeregt ob des Gedankens, so nah an seinem Ziel zu sein, dass sein Verstand aussetzte. Er stürmte in Richtung Ring. Doch als er nach ihm greifen wollte, zog ich diesen weg und stellte ihm ein Bein, sodass er in den Krater stürzte und in der Lava schmolz.

Die zwei Planeten waren gerettet! Ich ging zurück zum Area 51, um nach Dustin und den restlichen Außerirdischen zu sehen. Als ich erzählte, was geschehen war, brach ein ungestümer Jubel unter ihnen aus. Gleichzeitig aber waren sie traurig darüber, dass sie ihre Verwandten und Freunde auf der Sonne wohl nie wiedersehen würden. In einem Akt der Selbstlosigkeit übergab ich ihnen meinen Minigolf-Championshipring und sagte: »Tankt eure Raumschiffe auf, Jungs, und fliegt zurück nach Hause. Wie viel Wert hat schon so ein Ring im Gegensatz zu dreißig glücklichen Außerirdischen? Es sind die Dinge im Herzen, die wertvoller sind als jedes Geld. Egal, ob auf der Sonne oder unserer Mutter Erde.« Die Außerirdischen konnten ihr Glück kaum fassen und küssten mich. Sie sangen im Kanon: »For he's a jolly good fellow, for he's a jolly good fellow, for he's a jolly good feeeheellooow, which nobody can deny!« Daraufhin ernannten sie mich zum Sonnenkönig und flogen alsbald fort in ein Leben voller Frieden und Harmonie. Dustin und ich jedoch stiegen auf unsere Harleys und fuhren Richtung Sonnenuntergang. Im Abspann hörte man laut Nik Kershaws *I won't let the sun go down on me*.

Die 2 Muppets vong Balkong

Was auf Malorca
pasiert
bleibt auch auf
die Malediven

»Ha Ha Ha Ha, Ihr seid voll wie die 2 altem vong *Muppets Show*, was obem an Balkong sitzen« ist fast schong zun jeden 1 mahl in sein Lebem gesagt geworden, wenn man sich zusammen mit wen anders über etwas aufregt. In Grumde ist dann eigenlich jeder wie die 2 alten vong *Muppets Show* und es ist dann auch nicht mehr lusig, wenn man des zu welche sagt, die an irgenwas etwas zun meckern han. Ausser im der *Muppets Show* selbst hat des noch keiner zu jemanden gesagt, da simd die Protagernisten so charakterstark, das es kein Vegleich zu jemanden anderes braucht – denk ich mir, als im den 4er Sitz nebem mir 1 Frau zu 2 Mennern sagt: »Ha Ha Ha Ha, Ihr seid voll wie die altem 2 vong *Muppets Show*, was obem an Balkong sitzen.« Ich fimde, die sind gahr nicht wie die 2 alten vong *Muppets Show*, was obem an Balkong sitzen, denn ersens simd die viel zu jung dafür und zweitens han die sich erst über Merkel umd dann darüber, das es Tonatensaft in Flugzeug unsonst giebt, aber dafür Alkerhol was kostet, beschwehrt, wehrend die 1 Bild Zeitung durchgeblettert han. Deppen! Die 2 alten pseudo

Muppets können sich in 3 Stumden in Majorka genügemd die Birne wegballern, muss doch jezt nicht schong in Flugzeug sein. Ich mein, ich bitt dich – da fliegem auch Kinder mit. Die 2 alten vong *Muppets Show* an Balkong hetten sowas nie gemacht. Die sind noch vong der alten Schule, die han, trotz den losen Mumdwerks, noch manieren, wenn es muss. In laufe des Gesprech hab ich mitbekommen, das die beiden Rolli und Bernd heisen. LOL – Ernie umd Bernd wär passender geweben, aber die 2 waren ja kein Muppets. Glaub, in *Sesanstrasse* wohnen die. Ich möchte nicht in *Sesanstrasse* wohnen. Der große dicke mit Fell, Samson heist der, der macht immer wegen der kleinsten Scheise 1 riesen Aufriss. Einmal war bei sein Fahrrad (ich han den noch nie Fahrrad gefahren gesehn, aber haupsache der hat 1) sein Kette verzwirbelt. Ihr hettet des sehn gemüssen, was der für 1 Aufstand gemacht hat. An Schluss wahren fast alle Bewohner vong der *Sesanstrasse* da gestanden und han den Tipps gegebem, wie der des an besten reperiert. Umd das ist ja fast jede Folge so, das der aus 1 Mücke 1 Eftelant macht. Der han nur Problene, was eigenlich der durchschnittliche Max Mustermann nebembei mal löst. Mir würde da irgenwann der Geduldfaden konplett reissen. »Jetzt pass mahl auf, Sanson – kein Ahnung was dein Problem ist, aber wenn du die Leute hier noch 1 mahl mit dein Kindergarten scheise abfuckst, dann kriegs du vong mir so 1 geballert, das dein Schnüffeltuch allein spatzieren geht.« Wehrend ich mir das so denke, komm ich mir selbst vor wie 1 vong die 2 alten Muppets, was obem an Balkong sitzen. Ich bim mehr so der mentale alte Muppet vong Balkong – ich denk mir das oft immer, was die beidem sagen würden. Die würden über den Sanson aber glaub ich noch schlimmer abledern als ich in mein Gedanken gerade. Rolli umd Bernd untehalten sich gerade, das Malle ja nuhr 1 mahl in Jahr ist. Ob echte Majokiner auch sagem, das Rolli umd Bernd ja gott sei Damk nur 1 mahl in Jahr da sind? Da hat es das ummittelbahre Umfeld vong Rolli umd Bernd wesentlich schlimmer erwischt. Für den Ihre Nachbarn zun Beispiel simd Rolli umd Bernd 365 mahl in Jahr. Nicht auszundenken! Die höhren sicher den ganzen Tag so Lieder wie mit den Rote Pferd, was sich umge- kehrt hat und mit sein Schwanz die Fliege abgewehrt, wo aber die Fliege nicht dumm war und Summ Summ Summ und flog um die ganze Scheise herum. Oder so ähnlich irgenwie. So richi- ge unfunky Rolli umd Bernd Musik. Ich gucke mir die beidem so an umd denk bei mir, das es doch für verschiedene Menschen Schuhbladen giebt. Ich wollte das eigenlich nie glaubem, weil jeder Mensch ist mega anderst und invididuell. Aber nicht die beiden. Die legen sich zun schlafen mit ihre Fusball Trikot in die Ballermann Schuhblade und höhren *10 nackte Frisöhsen* zun einschlafen. ZACK. Das Flugzeug ist in 1 kleine Turbolenz gera- ten. Rolli kommentiert diese mit 1 laute »Hooooheeeey«, wie wenn man gerade mitten in 1 Laola Welle mitmacht, und stimmt daraufhim den Gassenhauer vong Scooter an: »Döp Döp Döp Dödödöp Döp Döp.« Laut lachemd rutscht er mit seine Sitz bis zun Anschlag nach hinten, wo 1 ältere Omma sitzt, die Ihre Gehstock vor sich an den Sitz, auf den Rolli sitzt, gelehnt hat. Durch den Schwung, mit den Rolli sein Flugzeug Sitz nach him- ten justiert hat, flog der Gehstock mit hoher Geschwimdigkeit an die Stirn der kleinen Omma, die sofort bewusstlos in ihrem Sitz zusammen sackte. Rolli hat des gahr nicht bemerkt und prostete sich, den Stöpsel des kleinen Feigling Fleschchens auf der Nase balangsierend, mit dem Getrenk Bernd zu und exte das Primatenelexier im nu. Mein Puls schlug mir bis im mein

Hals. Ich wahr richig sauer. »Simd wir hier in Fusball Stadium oder in 1 Flugzeug?«, schrie ich, während ich aufstamd umd mein Zeigefinger drohemd in richung Proleten-Rolli richtete. »Sie führm sich hier auf wie die Hotten und die Totten, simd laut, han die kleine Omma hinter ihnen bewustloss gehaun, umd überhaupt seid ihr überhaupt nicht wie die 2 alten Muppets vong Balkong!!« Vedutzt blickten mich beide mit ihren aufgedunsenen Gesichtern an. Es dauerte 1 Weile, bis die die Imfomation veabeiten konnten, aber als meine Worte des umbändigen Zorns ihr Sprachzentrun im Gehirn erreichten, drohten sie mir sofot Schlege an. Sobald der Flieger Majokinischen Boden erreichen würde, würden sie selbigem mit mir aufwischen. Einer vong beiden schmiss mir noch den Stöpsel des kleinen Feiglings an Kopf. Wieso gibs in Flugzeugen nebem der Bisness umd Economy Class nicht auch noch 1 Abteil für das Proletariat? Wo der Tonatensaft mit Wodka in Eimern seviert wird umd das beste aus 50 Jahre Schalke 04 an den Bord fernsehern leuft? Ich setzte mir für dem Rest des Fluges die Air Berlim Kopfhörer, was sage umd schreibe 5 Euro gekosten han, auf umd höhrte das Flugzeug Radion, das 20 unsäglich langweilige Lieder in sein Angebot hatte. Zun Beispiel *It's my life* vong Jon Bong Jovi. Exakt ab diesem Lied gings bei Elton Jon Bong Jovi musekalisch berg abwärts. *Living on 1 Prayer* zun Beispiel. Wieso spielt man das nicht in Flugzeugradion? Da hatte der sich noch richig ins Zeug gelegt … aber *it's my life* … ich meine … come on. Allein schong der Songtitel. Wird an Ideenlosigkeit nuhr noch getoppt vong Mark Medlocks erster Singel … *Summer Love.* Amstatt den Dieter Bohlen sollten die mahl bei *DSDS* die 2 alten Muppets vong Balkong in die Jury setzen. Da wär Mark Medlock nichtmahl im die Mottoshows gekommen.

Mark Medlock ist übrigens der Enkel vong den Matlock aus der Krimi Serie, was frühers auf RTL lief ... nach *Columbo*. So klein ist die Welt. Der bewusstlosen Omma han das Flugzeugpersonahl übrigens für den Rest des Fluges die Sauerstoffmaske, was über den Sitz ist, aufgesetzt, damit die wieder zu Bewusstsein kommt. Nachden ich den Flugzeugradion 3 mahl durchgehöhren habe, das in Gegensatz zu Bernd umd Rollis gelaber das kleinere Übel wahr, setzten wir emdlich zun Landeamflug auf die gröste Imseln der Barrikaden an. Nach 1 kleinen Fusmarsch durch den verwinckelten Flughafen Palnas erreichte ich emdlich Kofferausgabe. Dort erspähte ich auch wieder Bernd und Rolli, die sich natürlich gans nach vorne drengelten, damit die ihrem Koffer gleich bekommen. Den könnte ja somst 1 anderer nehmen. Die Koffer drehten gemächlich auf den Laufband ihre Runden, bis Bernd seinen emdlich in die Finger bekahm. Der hatte so 1 Rollkoffer, was man hinter sich her ziehen konnte, nuhr das wohl durch den Transport in Flugzeug 1 Rolle abgebrochen wahr umd er nichtmehr fuhr. »Uiuiuiui, Rolli«, höhrte ich ihm sagen. »Schau mahl, mir ist 1 Reifen vong Koffer abgebrochen.« Innerhalb vong Minuten versammelten sich so 5 weitere Proletenkunpels vong Bernd umd Rolli um den Koffer umd gaben ihn Tipps, wie er diese auserordentliche Extrem situaton an besten meistert. Ich fühlte mich umweigerlich an Samsong vong der *Sesanstrasse* erinnert, der wegen sein Fahrrad hahrgenau den selben Aufriss gemacht han. Ich schnappte mir meinen Koffer, ging zu der Frau, die am Amfang in Flieger die beiden mit den 2 alten Muppts vong Balkong verglichen hat, umd sagte zu ihr: »Samsong vong *Sesanstrasse* ... die beiden simd wie der Samsong vong *Sesanstrasse*, nicht wie die 2 alten Muppets vong Balkong ... SAM-SONG. Merken sie sich das für die Zukumpft.«

Daraufhin trat ich die zweite Rolle von Bernd sein Rollkoffer kaputt umd legte ihn Nahe, den bekackten Koffer eimfach zu tragen wie jeder andere Mensch auch, der keinen Rollkoffer hat. Durch die Lautsprecher des Flughafen Terminals kahm wie vong Geisterhand die Melodei der *Sesanstrasse*, während ich mir meinen Weg aus den Flughafen bahnte, um meinen verdienten Uhrlaub vong den anstrengenden Flug amzutreten.

Die zwei Muppets vom Balkon

»Hahaha, ihr beide seid echt wie die zwei Alten aus der *Muppet Show*, die oben auf dem Balkon sitzen« – ein Satz, den jeder schon einmal in seinem Leben gehört hat, wenn er sich zusammen mit jemand anderem über etwas echauffiert hat. Im Grunde ist in dieser Situation eigentlich jeder wie die beiden Alten aus der *Muppet Show*, und es ist inzwischen auch nicht mehr lustig, wenn man es zu Leuten sagt, die an irgendetwas etwas auszusetzen haben. Außer in der *Muppet Show* selbst hat das noch keiner zu irgendjemand anderem gesagt. »Da sind die Protagonisten so charakterstark, dass es keinen Vergleich zu jemand anderem braucht«, denk ich mir, als in dem Dreiersitz neben mir eine Frau zu zwei Männern sagt: »Hahaha, ihr seid echt wie die beiden Alten aus der *Muppet Show*, die oben auf dem Balkon sitzen.« Ich finde aber gar nicht, dass die beiden wie die zwei Alten aus der *Muppet Show*, die oben auf dem Balkon sitzen, sind. Denn erstens sind die beiden in der Sitzreihe neben mir viel zu jung dafür und zweitens haben sie sich erst über Merkel beschwert und dann darüber, dass es Tomatensaft im Flugzeug zwar umsonst gäbe, aber der Alkohol dafür etwas kosten würde, während sie zusammen in der *Bild*-Zeitung geblättert haben. Deppen! Die zwei alten Pseudo-Muppets können sich in drei Stunden auf Mallorca noch genügend Alkohol zu Gemüte führen; das muss also doch nicht jetzt schon im Flugzeug passieren. Es tut mir ja leid, aber hier fliegen schließlich auch Kinder mit! Die zwei Alten aus der *Muppet Show*, die oben auf dem Balkon sitzen, hätten so etwas nie gemacht. Die sind noch von der alten Garde, die haben, trotz ihres losen Mundwerks, noch Manieren, zumindest wenn es darauf ankommt.

Im Laufe des Gesprächs habe ich herausgefunden, dass die zwei hier im Flugzeug Rolli und Bernd heißen. Darüber musste ich lachen. Ernie und Bert wäre irgendwie passender gewesen – aber die zwei waren ja schließlich auch keine Muppets. Ich glaube, die wohnen in der *Sesamstraße*. Mit dem großen Dicken mit Fell, Samson; der macht immer aus der kleinsten Mücke einen riesigen Elefanten. Einmal war an seinem Fahrrad die Kette verzwirbelt – ich hatte den zuvor noch nie auf einem Fahrrad fahren sehen, aber wahrscheinlich war nur wichtig, dass er eins hatte. Ihr hättet das sehen müssen, was der für einen Aufstand gemacht hat! Am Schluss standen fast alle Bewohner der *Sesamstraße* um ihn herum und haben ihm Tipps gegeben, wie er das am besten reparieren könnte. Und das ist ja in fast jeder Folge so, dass er sich über eine Kleinigkeit übertrieben aufregt. Der hat nur Probleme, die der durchschnittliche Max Mustermann nebenbei lösen könnte. Mir würde da irgendwann der Geduldsfaden reißen: »Jetzt pass mal auf, Samson! Ich weiß nicht, was dein Problem ist, aber wenn du die Leute noch einmal mit deinem Kindergartenkram abfuckst, kriegst du von mir so eine geballert, dass dein Schnuffeltuch danach alleine spazieren geht.« Während ich mir das vorstelle, komme ich mir selbst schon wie einer der zwei alten Muppets auf dem Balkon vor. Aber ich bin mehr so in meinem Kopf der alte Muppet auf dem Balkon. Ich denke oft Dinge, die die beiden sagen würden. Die würden sich über Samson sicher noch schlimmer aufregen als ich gerade in meinen Gedanken.

Rolli und Bernd wiederum unterhalten sich gerade darüber, dass Malle ja nur einmal im Jahr sei. Ob echte Mallorquiner etwas Ähnliches sagen und dankbar darüber sind, dass Rolli und Bernd nur einmal im Jahr zu Besuch kommen? Da hat es das unmittelbare Umfeld von Rolli und Bernd wiederum wesentlich schlimmer erwischt. Für ihre Nachbarn, zum Beispiel, sind Rolli und Bernd 365 Mal im Jahr da. Nicht auszudenken! Die hören sicher den ganzen Tag Lieder wie »Da hat das rote Pferd sich einfach umgekehrt und mit seinem Schwanz die Fliege abgewehrt, doch die Fliege war nicht dumm, sie machte summ, summ, summ und flog mit viel Gebrumm um die ganze Scheiße herum« ... oder so ähnlich. So richtig schlimme Rolli-und-Bernd-Musik. Ich betrachte die zwei Männer also und mir wird bewusst, dass es wirklich für manche Menschen bestimmte Schubladen gibt. Ich habe diesen Gedanken bis jetzt immer abgelehnt, da jeder Mensch – meiner Auffassung nach – für sich gesehen anders und individuell ist; diese beiden aber nicht. Die legen sich zum Schlafen mit ihren identischen Fußballtrikots in die Ballermann-Schublade und hören *Zehn nackte Frisösen* zum Einschlafen.

Zack!

Da gerät das Flugzeug in eine kleine Turbulenz. Rolli kommentiert dies mit einem lauten »Hoooheeey«, als wäre man gerade Teil einer La-Ola-Welle und mache mit. Dann stimmt er den Hit von Scooter an: »Döp, döp, döp, dödödöp, döp, döp!« Laut lachend rutscht er mit seinem Sitz bis zum Anschlag nach hinten. Hinter ihm sitzt eine ältere Dame, die ihren Gehstock an seinen Sitz angelehnt hatte. Durch den von ihm verursachten Schwung prallt der Gehstock mit hoher Geschwindigkeit an ihre Stirn. Sie wird sofort bewusstlos und sackt in ihrem Sitz zusammen. Rolli ist sich all dessen nicht bewusst, prostet, während er den Schraubverschluss des kleinen Feigling-Fläschchens auf der Nase balanciert, mit selbigem Getränk Bernd zu und trinkt das Primatenelixier in einem Zug aus. Mein Puls schlägt mir bis zum Hals. Ich werde richtig sauer. »Sind wir hier im Fußballstadion oder in einem Flugzeug?«, schreie ich, während ich aufstehe und meinen Zeigefinger drohend in Richtung Proleten-Rolli richte. »Sie führen sich hier auf wie die Hottentotten, sind laut, haben die Dame hinter sich bewusstlos geschlagen, und außerdem sind Sie überhaupt nicht wie die beiden alten Muppets vom Balkon!« Verdutzt blicken mich beide mit ihren aufgedunsenen Gesichtern an. Es dauert eine Weile, bis sie die Information verarbeitet bekommen. Doch als meine zornigen Worte ihr Sprachzentrum im Gehirn erreichen, drohen sie mir unmittelbar Schläge an. Sobald das Flugzeug mallorquinischen Boden erreiche, würden sie selbigen mit mir aufwischen.

Wieso gibt's in Flugzeugen neben der Business und der Economy Class nicht auch noch ein Abteil für das Proletariat? Wo der Tomatensaft mit Wodka angereichert in Eimern und mit Strohhälmen serviert wird und das Beste aus fünfzig Jahren Schalke 04 auf den Boardfernsehern läuft? Ich setze mir für den Rest des Fluges die Kopfhörer auf, die mich sage und schreibe fünf Euro bei Air Berlin gekostet haben, und höre dem Flugzeugradio zu, das exakt zwanzig unsäglich langweilige Lieder umfasst, wie *It's My Life* von Jon Bon Jovi. Ab diesem Lied ging es bei Bon Jovi musikalisch bergab. Wieso spielt man eigentlich nicht *Livin' on a Prayer* im Flugzeugradio? Da hatte sich Bon Jovi noch richtig ins Zeug gelegt, aber *It's My Life* ... ich meine, come on. Allein schon der Liedname; der wird an Ideenlosigkeit nur noch getoppt von Mark Medlocks erster Single *Summer Love*. Statt Dieter Bohlen sollten die bei *DSDS* mal die zwei alten Muppets vom Balkon in die Jury setzen. Da hätte es Mark Medlock nicht mal in die Mottoshows geschafft. Der ist übrigens der Enkel von Matlock, aus der gleichnamigen Krimiserie, die früher auf RTL direkt nach *Columbo* lief – so klein ist die Welt.

Der bewusstlosen Oma hinter Rolli hat das Flugzeugpersonal für den Rest des Fluges die Sauerstoffmaske aufgesetzt, die sich über den Sitzen befindet, damit sie wieder zu Bewusstsein kommt. Nachdem ich die Auswahl des Flugzeugradios, die im Vergleich zu Bernd und Rollis Gerede in der Tat das kleinere Übel ist, ganze dreimal durchgehört habe, setzen wir endlich zum Landeanflug auf die größte Insel der Balearen an. Nach einem kleinen Fußmarsch durch den recht verwinkelten Flughafen Palmas erreiche ich endlich die Kofferausgabe. Dort erspähe ich auch wieder Bernd und Rolli, die sich natürlich ganz nach vorne gedrängelt haben, damit sie ihren Koffer als Erste bekommen. Den könnte ja sonst ein anderer nehmen. Die Koffer drehen gemächlich auf dem Laufband ihre Runden, bis Bernd seinen endlich in die Wurstfinger bekommt. Das ist so ein Rollkoffer, den man normalerweise hinter sich herziehen kann, nur dass wohl durch den Transport im Flugzeug eine Rolle abgebrochen ist und er nun nicht mehr fahren kann. »Uiuiuiui, Rolli«, höre ich ihn sagen. »Schau mal her, mir ist ein Reifen von meinem Koffer abgebrochen!« Innerhalb weniger Minuten versammeln sich ungefähr fünf weitere ihrer Proletenkumpels um den Koffer und geben ihm Tipps, wie er diese außerordentliche Extremsituation am besten meistern könne. Ich fühle mich unweigerlich an Samson aus der *Sesamstraße* erinnert, der wegen seines Fahrrads haargenau denselben Aufriss gemacht hat. Ich schnappe mir meinen Koffer, gehe zu der Frau, die am Anfang des Fluges die zwei mit den beiden alten Muppets vom Balkon verglichen hat, und sage zu ihr: »Samson aus der *Sesamstraße*, nicht die beiden alten Muppets vom Balkon. SAMSON! Merken Sie sich das bitte für die Zukunft!«

Daraufhin gehe ich zu Bernd, trete ihm die zweite Rolle seines Koffers kaputt und lege ihm nahe, den beschissenen Koffer einfach zu tragen, wie es jeder andere Mensch auch täte, der keinen Rollkoffer habe. Durch die Lautsprecher des Terminals kommt – wie von Geisterhand – die Titelmelodie der *Sesamstraße*, während ich mir meinen Weg aus dem Flughafen bahne, um nach diesem anstrengenden Flug meinen wohlverdienten Urlaub anzutreten.

Die Vogelhochtzeit – 1 Sommermerchen

Bei Fusball ist es egal ob man gewint oder veliert solange man als Sieger vong Platz geht

»1 Vogel wollt 1 Hochzeit gemachen im 1 grüne Waahaalde – Fideralala, Fideralala, Fideralalalala« – das wahr 1 bekannte Hit vong Hoffmann vong Fallerslebem. Krass, wer da alles auf die Hochzeit eimgeladen wahr. Ansel, Drossel, Fimk und Star, alle Vögel. Eimfach alle. Sogahr der Uhu, Kolebri umd Weiß kopf Seeadler. Die kahmen da bei der Hochtzeit alle zusammen umd feierten friedlich die Veremehlung vong 1 Drossel und 1 Ansel. Der Hoffmann vong Fallerslebem han ja auch die Deutschland Nateonalhümne geschrieben. Mir hette aber persöhnlich das *Vogelhochzeit* Lied besser als Nateonalhümne gefallen. Wär doch supper, wenn vor 1 Fusballspiel der Deutschen die Nateonalspieler Arm in Arm nebemeinander stehen und alle die *Vogelhochzeit* simgen. Alle 27 Strophen. »Der Aua-Hahn, der Aua-Hahn, der war in Hochzeit der Kaplam – Fideralala, Fideralala, Fideralalalala« – lol. Glaub, da würde dann auch Mesut Ösil mitsingen, da die *Vogelhochzeit* viel mehr Drive han wie die Deusche Nateonalhümne. Bei den »Fideralala« könnte zun Beispiel dann immer das ganze Stadeon mitmachen. »Du musst emdlich schlafem, Jogi«, sagte ich zun mir selbst. Jetzt war schong 2 Uhr im der Nacht umd ich konnte keim Auge zumachen, denn morgen wahr Finale der Weltmeiserschaft in Fusball gegen Agentinien. Umd amstadt die Taktik nochmahl in Kopf durchzungehn, fellt mir nuhr so 1 Scheise ein. Ich welzte mich im Bett him und her, aber wahr supper nerwös, ob das meine Jungs morgen schaffen. Agentinien han immerhin Messi. Der leuft doppelt so schnell wie alle amderen umd spielt, wenn es seim muss, den Pjer Mertesacker auf 1 Bierdeckel aus. Aber zun Glück spieln wir auf 1 normahle Rasen umd nicht auf Bierdeckeln. Das könnte 1 Vorteil für ums sein. Messi han ja das Fusballspielen tatsechlich auf 1 Bierdeckel gelernt. Die hatten ja früher nix, und den sein Zimmer wahr so klein, das der 1 kleines Fusballfeld auf 1 Bierdeckel aufgemahlen und dort immer gespielt hat. Schlusendlich sang ich mich mit 1 leisem »Fideralala, Fideralala, Fideralalalala« selbst im den Schlaf umd treumte davong, das ich auch auf dem Vogelhochzeit eimgeladen wahr. Beim Essen gabs anstadt Braten nuhr Regenwürner umd dazu wurden Meisen knödel seviert. Ich ess zwahr bei Fusballspielen auf mein Trainerbamk auch germ mahl den 1 oder amderen Popel, aber dieses Essen bekahm ich nicht rumter. Das Hochzeitspahr wurde mega sauer, warun ich das nicht aufessen tät, denn bei Chinesen umd Vögel gilt das als 1 extrene Umhöflichkeit, wenn man das Essen verschmeht, was man als Gast vor gesetzt bekommt. Mit Paucken umd auch 1 bischen Tronpeten schmissen die mich in 1 hohen Bogen raus. Der Specht, der Specht, der was der Braut in den Lied das Bett zurecht macht, hemmerte mir vor Wut die ganzen Zeit mit seine Schnabel auf meim Kopf. Umd wie die Brautmutter, die Eule, die Eule, nam ich dann auch Abschied mit geheule. 1 wahrer Alpstraum, aus den mich dann gottzeidank der Wecktohn meines Handys riss. »Es gib nuhr 1 Rudi Völler – 1 Rudi Vööööller.« Nich der Ideale Wecktohn, ich weis, aber über mich macht ja kein Sau 1 Lied. Was han Rudi Völler schong erreicht? Vorundenaus bei der EM in Portugal. Eimfach lecherlich! I bim mit mein Mannschaft in jeden scheis Tunier bis jetzt mindestens in Halbfinale gekommen, und kein Schweim macht über mich 1 Lied. Sogahr Berti Vogts han 1 Lied gehabt, das Stefan Raab gesungen han. Schade, das Hoffman vong Fallerslebem nicht mehr lebt. Den hett ich fragen können, ob der 1 Lied über mich macht oder 1, was er schong geschrieben han, nochmahl umdichtet. »Jogi, Jogi, rufs aus 1 Fanblock«, anstadt »Kuckuck, Kuckuck, rufs aus 1 Wald«. Irgend sowas, gahr nicht aufwendig. Naja ... kann man nix gemachen. Ich machte mich in Badenzimmer frisch, legte mein lilane Samtschahl um meim Hals umd machte mich mit meine Jungs in Mannschaftsbus auf den Weg ins Stadium. Auf dem Weg dorthin sangen wir *1 Hoch auf umsere Busfahrer,* was aber nicht vong Hoffmann vong Fallersleben wahr, sondern vong irgendwen anderes. »Sogahr Busfahrer han 1 eigenes Lied«, murmelte ich leicht ergerlich in mein lila Samtschahl. Nach 1 halbe Stumde fahrt ereichten wir das Macarena Stadium in Rio Deng Janeiro. Ich wahr total in WM Fieber, aber der Busfahrer han mir verboten, diese Fahnen, was man an Seitenfenster vong sein Auto stecken kann, an den Femstern unseres Mannschaftsbusses anzubringen. Schnuhrstracks gingen wir in umsere Unkleidekabiene. Wehrend sich mein Team ihre Trikos überstreifte, hielt ich nochmahl 1 epische Motevationsrede, bevor das Spiel los ging: »Wir han ums alle hier vesammelt zun Fusball spielem. Doch des ist nicht nuhr irgend 1 Spiel. Heute ist Finale, bei den uns hunderte Zuschauer auf der ganzem Welt auf ihre

Fernseher zuschaun. Der Ball ist rumd und muss in Tor rein. So wie in die lezten Spiele auch. I han gestern vorn eimschlafen noch bischen über Vogelhochtzeit nachgedenken. Die hat mit den heutigen spiel reim gahr nix zun tun. Also geht jetzt da raus, schiest 1 Fusballtor umd hohlt euch das Ding. Sollten wir heute gewinnen, zahl ich jedem einzelnen vong euch in Eiscafe Cadore 1 Kugel Vanilie aus Manschaftskasse.«»Jawoll, Trehner!«, schrien alle in Kanon. Die Jungs wahren nun supper aufs Spiel eingestimmt. Sollten wir trotzden velieren, lags auf jedem Fall nicht an mir. Die Spieler reihten sich auf, umd Sarah Konner begann die Nateonalhümne zun singen. I han vor den Spiel den Zettel mit der Nateonalhümne, vong den Sarah Konner abliest, mit einer eigenem Version der *Vogelhochzeit* ausgetauschen, um mein Mannschaft nochmahl zusetzlich zun motevieren. So begann Sarah Konner zun singen: »Der Laaaahm, der Laaahm – den wirft so schnell nix aus der Bahm – Fideralala, Fideralala, Fideralalalala. Der Neuer, der Neuer – ist vong Ablöhsesumme her teuer – Fideralala, Fideralala, Fideralalalala. Der Müller, der Müller – ist 1 richiger Knüller – Fideralala, Fideralala, Fideralalalala.« Und »Der Lewanowski, der Lewandowski – spielt gahr nicht in unsere Manschaft, lol – Fideralala, Fideralala, Fideralalalala.« Wie schong in meinen Gedanken sang das ganze Stadeon »Fideralala« mit, umd jeder einzelne Spieler wurde mit seiner eigenem Strophe bis im sein Hahrspitzen rauf motviert. Als das Spiel losging, han Agentinien kein Chongse gehabt. Zwahr han Marion Götze erst in Nachspielzeit das 1:0 geschiest, aber besonders hervor zun heben wahr auch der Einsatz vong Sebastian Schweimsteiger, der trotz 2 gebrochener Beine und Gehirnverschüttung bis zun Ende für den Sieg kempfte. Nicht auszundenken, wie das Spiel ausgegangen währe ohne meine

Eigenintepretation der *Vogelhochtzeit*. Vermutlich hätten wir 8:0 verlohren. Nach dem gewonnenen WM-Finale in Bralisien liesen wir uns alle noch gemeinsahm umser vesprochenes Eis schnecken und traten anschliesend die Heinreise an. Ich schaute noch 1 leztes mahl über dem Zuckerhut und wümschte mir insgeheim, das Hoffmann vong Fallerslebem das noch erfallerslebt hette – er währe sicher stoltz geweben.

Die Vogelhochzeit – Ein Sommermärchen

»Ein Vogel wollte Hochzeit machen in dem grünen Waaahaalde – Fideralala, Fideralala, Fideralalalala.« Das war eine bekannte Volksweise von Hoffmann von Fallersleben. Es ist schon interessant, wer da alles auf die Vogelhochzeit eingeladen wurde. Amsel, Drossel, Fink und sogar der Star. Alle Vögel, einfach alle. Uhu, Kolibri und Weißkopfseeadler; alle kamen bei der Hochzeit zusammen und feierten friedlich die Vermählung von Drossel und Amsel. Von Hoffmann von Fallersleben stammt auch *Das Lied der Deutschen*. Mir persönlich hätte aber die *Vogelhochzeit* besser als Nationalhymne gefallen. Wäre doch wirklich unterhaltsam, wenn die deutschen Nationalspieler vor einem Fußballspiel Arm in Arm nebeneinanderstünden und zusammen die *Vogelhochzeit* singen würden. Alle 27 Strophen. »Der Auerhahn, der Auerhahn, der war bei der Hochzeit der Kaplan – Fideralala, Fideralala, Fideralalalala.« Ich glaube, da würde dann selbst Mesut Özil mitsingen, da die *Vogelhochzeit* einen musikalisch mehr mitnimmt als die langweilige Deutsche Nationalhymne. Bei »Fideralala« könnte zum Beispiel dann immer das ganze Stadion mitsingen.

»Du musst endlich schlafen, Jogi«, sagte ich zu mir selbst. Jetzt war es schon zwei Uhr nachts und ich konnte immer noch kein Auge zutun. Morgen ist das Finale der Fußballweltmeisterschaft gegen Argentinien. Anstatt die Taktik ein weiteres Mal im Kopf durchzugehen, fiel mir nur so ein Schwachsinn ein. Ich wälzte mich im Bett hin und her, blieb aber aufgeregt ob der Frage, ob meine Jungs das morgen schaffen würden. Argentinien hat immerhin Lionel Messi. Der läuft doppelt so schnell wie alle anderen und spielt, wenn es sein muss, Per Mertesacker auf einem Bierdeckel aus. Aber zum Glück spielen wir auf normalem Rasen und nicht auf Bierdeckeln. Das könnte ein Vorteil für uns sein. Messi hat das Fußballspielen schließlich tatsächlich auf einem Bierdeckel gelernt. Die hatten ja früher nichts, und Messis Zimmer war so klein, dass er sich ein kleines Fußballfeld auf einem Bierdeckel aufgemalt hatte, um darauf immer zu spielen.

Schlussendlich sang ich mich mit einem leisen »Fiderala-la, Fideralala, Fideralalalala« selbst in den Schlaf und träumte davon, dass ich auf die Vogelhochzeit eingeladen war. Beim Essen gab es statt Braten nur Regenwürmer, mit Meisenknödel als Beilage. Ich esse zwar bei wichtigen Partien auf meiner Trainerbank gerne mal den ein oder anderen Popel, aber dieses Essen bekam ich einfach nicht runter. Das Hochzeitspaar wurde wirklich wütend, da ich das Menü ablehnte, denn bei Chinesen und Vögeln gleichermaßen gilt es als extreme Unhöflichkeit, das Essen zu verschmähen, das man vom Gastgeber vorgesetzt bekommt. Mit Pauken, aber auch mit ein paar Trompeten setzten sie mich vor die Tür. Der Specht, der Specht, der der Braut in dem Lied das Bett zurechtmacht, hämmerte mir vor Wut konstant seinen Schnabel auf den Kopf. Und wie die Brautmutter, die Eule, die Eule, nahm ich ebenso Abschied mit Geheule. Ein wahrer Albtraum, aus dem mich dann – Gott sei Dank – mein Handyweckton riss.

»Es gibt nur ein' Rudi Völler – ein' Rudi Vöööööller.« Nicht gerade der ideale Wecker, ich weiß, aber über mich schreibt ja keiner ein Lied. Was hat denn der Rudi Völler schon großartig erreicht? Vorrundenaus bei der EM damals in Portugal. Einfach lächerlich! Ich bin mit meiner Mannschaft bis jetzt bei jedem Turnier mindestens ins Halbfinale gekommen und keiner macht über mich ein Lied daraus. Sogar Berti Vogts hat sein Lied bekommen, das Stefan Raab damals gesungen hat. Schade, dass Hoffmann von Fallersleben nicht mehr lebt. Den hätte ich fragen können, ob er ein Lied über mich schreibt. Oder zumindest eines, das er schon geschrieben hat, nochmal umdichtet. »Jogi, Jogi, ruft's aus dem Fanblock«, statt »Kuckuck, Kuckuck, ruft's aus dem Wald«, zum Beispiel. Sowas in die Richtung, gar nichts Aufwendiges. Na ja, aber das kann man wohl nicht ändern.

Ich machte mich im Badezimmer frisch, legte mir meinen lilafarbenen Samtschal um den Hals und fuhr mit meinen Jungs im Mannschaftsbus Richtung Stadion. Auf dem Weg dorthin sangen wir *Ein Hoch auf unseren Busfahrer,* was aber auch nicht von Hoffmann von Fallersleben war, sondern von einem unbekannten Interpreten. »Selbst der Busfahrer hat sein eigenes Lied«, murmelte ich leicht verärgert in meinen lila Schal. Nach einer halben Stunde Fahrt erreichten wir dann das Maracanã-Stadion in Rio de Janeiro. Mich hatte das WM-Fieber ergriffen, aber der Busfahrer hatte mir leider die kleinen Fähnchen in den Fenstern unseres Mannschaftsbusses verboten. Wir gingen direkt in unsere Umkleidekabine. Während sich mein Team die Trikots überstreifte, hielt ich noch mal eine mitreißende Motivationsrede, bevor das große Spiel begann: »Wir haben uns alle hier versammelt, um Fußball zu spielen. Doch das hier ist nicht nur irgendein Spiel. Heute ist WM-Finale. Millionen von Menschen auf der ganzen Welt schauen uns heute auf ihren TV-Geräten zu. Der Ball ist rund und muss ins Eckige. So wie in den letzten Spielen auch. Ich habe gestern, vor dem Einschlafen, noch ein bisschen über die *Vogelhochzeit* nachgedacht. Die hat mit dem heutigen Spiel überhaupt nichts zu tun. Also, geht jetzt da raus, schießt ein Tor und holt euch das Ding. Sollten wir heute gewinnen, zahl ich jedem einzelnen von euch im Eiscafé Cadore eine Kugel Vanilleeis aus der Mannschaftskasse!« – »Jawohl, Trainer«, riefen alle im Kanon.

Die Jungs waren nun perfekt auf das Spiel eingestimmt. Sollten wir trotzdem verlieren, war es auf keinen Fall meine Schuld. Die Spieler reihten sich nebeneinander auf, und Sarah Connor begann, die Nationalhymne zu singen. Ich hatte heimlich vor dem Spiel den Zettel, von dem sie den Text der Nationalhymne ablesen sollte, mit einer eigenen Neuinterpretation der *Vogelhochzeit* ausgetauscht, um meine Mannschaft nochmal zusätzlich zu motivieren. So begann Sarah Connor zu singen:

Der Laaaahm, der Laaaahm – den wirft so schnell nichts aus der Bahn.
Fideralala, Fideralala, Fideralalalala.
Der Neuer, der Neuer – ist von der Ablösesumme her teuer.
Fideralala, Fideralala, Fideralalalala.
Der Müller, der Müller – der ist ein richtiger Knüller.
Fideralala, Fideralala, Fideralalalala.
Der Lewandowski, der Lewandowski – der spielt gar nicht in unserer Mannschaft.
Fideralala, Fideralala, Fideralalalala.

Wie schon in meinen Gedanken vom Vorabend sang das ganze Stadion »Fideralala« mit, und jeder einzelne Spieler wurde durch seine individuelle Strophe bis in die Fußspitzen motiviert. Argentinien war von Anfang an chancenlos. Zwar hat Mario Götze erst in der Nachspielzeit das 1:0 geschossen, aber besonders hervorzuheben war auch Bastian Schweinsteigers Einsatz, der trotz zwei gebrochener Beine und einer Gehirnerschütterung bis zum Ende für den Sieg gekämpft hat. Nicht auszudenken, wie das Spiel ohne meine Eigeninterpretation der *Vogelhochzeit* ausgegangen wäre. Vermutlich hätten wir 8:0 oder noch höher verloren. Nach dem gewonnenen WM-Finale in Brasilien ließen wir uns alle noch gemeinsam das von mir versprochene Eis schmecken und traten abschließend die Heimreise an. Ich schaute noch ein letztes Mal über den Zuckerhut und wünschte mir insgeheim, dass Hoffman von Fallersleben das noch »erfallerslebt« hätte. Er wäre sicher stolz gewesen.

Der Artzt besuch

»Gutem morgen, gutem morgen, gutem morgen, Sonneschein. Hanst du auch so gut geschlafem? Ja, dann ist ja alles klar.« War glaub vong Mike Krügner das Lied. Das wahr mein all morgenlicher Weckton vong Handy her. Aber an den morgen war gahr nix gut, denn mir wahr zienlich blümerant zu mute. Ich kann in gahr kein Fall zun Arbeit gehn. Mit flimken fingern wehlte ich die Nummer vong meim Abeitgeber umd sagte ihn, das ich wegem Krankheit nicht gekommen kann, umd untermalte dies noch mit krass Husten. Nix wie ab zun Dokter – gelbe Kramkenschein holen. Ich schleppte mich die steilem Treppem des Altbaus nach obem zur Praxis umd schilderte der Tante hintern Empfang mein Kramkheitsbild. »Bitte nehmen sie noch 1 Monent Platz im Wartenzimmer.« So nahm ich für 1 Monent in Wartezimmer platz umd schnappte mir die neue Ausgabe der *Freizeit Revue*. »Psycho-Drama bei Howard Carpendale«, stand in Schlag Zeile. Gans gespannt bletterte ich zun Bericht der Titelstory umd machte mir dabei richig sorgen. Oh man, Howard, was machen Sachen? Du bist jetzt auch schong knap-

pe 70, wieso tust du dir des Schlager Bisness noch an? Ist doch
klahr, das des in 1 Psycho-Drama endet. Lass doch die jungen
wildem den Vortritt. Andreas Berg, Florean Silbereisen oder
Helene Ficker simd jetzt an Zug und droppen den heisesten
Scheis. Howard – du muss lernen, los zum lassen. Mach dir 1
faule Lenz in Südafrika und ruh dich auf dein Lohrbehren aus.
So 1 Hans Wurst wie der Silbereisen wird eh nie mahls das
Gefühl auf der Bühme rüberbringen so wie du da 1977 bei *Ti
amo* – was ist geblieben vong deine »mich liebem« vong dauernd blos »Tiii aaaamooo.« Ich wischte mir 1 Trene aus mein
Augenwinkel, als ich den Bericht emdlich gefumden hatte, und
begang zun lesen. Ich runzelte umtern lesen mein Stirn, umd
das nicht ohme Grund. Was für 1 Veriss, dieser Artikel. Den
Howard Carpendale sein Kuseng han die wegem Burnout in
die Balla Balla Fabrik eingewiesen. Der han in Büro gesessen
umd wahr so überfordert, das er, als des Telefong geklingelt hat,
vesehentlich an sein Kaffeetasse ran ging umd sich den ganzen
heisen Kaffe im sein Ohr geschütten hat. LOL. Daraufhin ist der
ca 3 Stunden nuhr in Kreis gegangen, bis sein Chef die mit die
weisen Turmschuhe alamiert hat. Der Howard Carpingdale han
aber seit 3 Jahren schong kein Kontakt mehr zu sein Kuseng.
Diese vedammten Arschlöcher vong der *Freizeit Revue* kochen
das cover story supper heis, aber der Bericht ist nichtmahl mehr
lau warm. Da wird alles heisser gelesen, als es gegessen wird ...
oder so. Pling plong ... 1 alte Mann mit Krückstock kahm zun
Arztpraxis hereingehunpelt. »I bim 1 Schnerzpazjent und han
glaub innere Veletzungen«, sagte der arme, gebrechliche Oppa.
»Dann hett ich germ 1 mahl ihr Gesundhein karte«, engegnete die Frau hinter Rezepzjon. »Die han ich leider zuhause vor
lauter Schmerzen vergessen.« Die Sprechstumendenhilfe stand

auf umd fing an, den alten Mann rum zu schubbsen »Was haben Sie? Ihren Gesundhein karte vergessen? Wollen sie mich verarschen? Man geht doch nicht ohne Gesundhein karte eimfach so zun Arzt.« Vong hinten kahm die dicke Arzthelferin vorgerannt und schüttete den armen Mann ihre heisse Tasse Kaffe ins Gesicht. Der arme Oppa muss sich in den Monent genauso gefühlt han wie Howard Carpingdales Kuseng, als sein Burnout amfing. Der Schmerzpazjentenoppa ging zu Boden umd hielt sich sein vong Kaffe vebrühtes Gesicht. Vong den ganzen Lerm aufgeschreckt latschte der Herr Dokter Röckmann wie vong Affen gebissen aus sein Behandlungszimmer umd wollte wissen, was vor sich ging. »Der alte Herr Bönicke (so hies der alte Mann) han amgeblich sein Gesundheitskarte zuhause vegessen.« »Das gibs doch nicht«, enfuhr es den Herrn Dokter. Er kniete sich auf den armen Herrn Bönicke und zwang ihn mit 1 Brennesselgriff zur Aufgabe. Zu dritt hievten sie ihn hoch umd liesen ihn anschließend die steilen Treppem des Altbaus hinunterpurzeln. »Wahmsinn«, dachte ich mir. »Sowas schreibem die nicht im der *Freizeit Revue*.« Ich las noch gemütlich dem Bericht über Howard Carpingdales Kuseng fertig, lies mir 1 Klosterfrau Melissengeist für mein verstimmte Magem veschreiben umd dankte Gott, das ich mein Gesundhein karte dabei hatte.

Der Arztbesuch

»Guten Morgen, guten Morgen, guten Morgen, lieber Sonnen-
schein. Hast du auch so gut geschlafen? Na, dann ist ja alles
klar.« Wenn ich mich nicht täuschte, war dieses Lied von Mike
Krüger. Mein allmorgendlicher Weckton meines Handys. Am
heutigen Morgen war jedoch überhaupt nichts gut, denn mir
war ziemlich blümerant zumute. Ich konnte in diesem Zustand
keinesfalls zur Arbeit erscheinen. Mit flinken Fingern wählte
ich die Nummer meines Arbeitgebers und sagte ihm, untermalt
von theatralischem Husten, dass ich heute wegen akuter Krankheit der Arbeit fernbleiben müsste. Nichts wie ab zum Doktor,
den gelben Krankenschein holen. Ich schleppte mich die steilen
Altbautreppen nach oben zur Praxis und schilderte der Emp-
fangsdame mein Krankheitsbild. »Bitte nehmen Sie für einen
Moment im Wartezimmer Platz.«

So setzte ich mich erstmal ins Wartezimmer und schnappte
mir die neue Ausgabe der *Freizeit Revue*. »Psychodrama bei Howard Carpendale«, lautete die Schlagzeile. Gespannt blätterte
ich zum dazugehörigen Bericht und machte mir dabei Sorgen.
»Oh Mann, Howard, was machst du nur für Sachen? Du bist
jetzt auch schon knappe siebzig, wieso tust du dir das Schlager-
geschäft immer noch an? Ist doch klar, dass das irgendwann in
einem Drama enden würde. Lass doch den jungen Wilden den
Vortritt. Andrea Berg, Florian Silbereisen oder Helene Fischer
sind jetzt am Zug und bringen die neuesten Hits auf den Markt.
Howard! Du musst lernen, loszulassen. Mach dir doch einen
faulen Lenz in Südafrika und ruh dich auf deinen wohlverdienten Lorbeeren aus. So ein Hanswurst wie der Silbereisen wird

sowieso niemals das Gefühl auf der Bühne rüberbringen, wie du bei *Ti amo* anno 1977«, dachte ich mir. Was ist geblieben von deinem »mich lieben«, von dauernd nur »Ti aaaaamooo«? Ich wischte mir eine Träne aus meinem Augenwinkel, als ich den Bericht endlich gefunden hatte, und begann, ihn interessiert zu lesen. Ich runzelte, während ich ihn las, meine Stirn. Und das nicht grundlos. Was für ein Verriss dieser Artikel doch war! Nicht Howard Carpendale, sondern seinen Cousin hatten die wegen eines Burn-out in die Balla-Balla-Fabrik eingewiesen. Der saß im Büro und war von seinem Job scheinbar so überfordert, dass er, als das Telefon klingelte, versehentlich statt des Hörers seine Kaffeetasse abhob und sich den ganzen heißen Kaffee ins Ohr schüttete. Daraufhin lief er drei Stunden lang in seinem Büro nur im Kreis, bis sein Chef die Pfleger mit den weißen Turnschuhen alarmierte. Howard Carpendale selbst hatte aber schon seit drei Jahren keinen Kontakt mehr zu eben jenem Cousin. Diese schlimmen Schmierfinken bei der *Freizeit Revue*. Kochen das Titelblatt extrem heiß, aber der dazugehörige Bericht ist nicht mal lauwarm. Da wird alles heißer geschrieben, als es gelesen wird – oder so ähnlich.

Pling Plong. Ein alter Mann mit Krückstock kam zur Arztpraxis hereingehumpelt. »Ich bin ein Schmerzpatient und habe innere Verletzungen«, wimmerte der arme, gebrechliche Opa. »Dann hätte ich gerne bitte Ihre Versichertenkarte«, entgegnete die Dame hinter der Rezeption. »Die habe ich leider vor lauter Schmerzen zu Hause vergessen«, erwiderte der Schmerzpatient. Die Sprechstundenhilfe stand auf und fing an, den alten Mann zu schubsen. »Was haben Sie? Ihre Versichertenkarte vergessen? Wollen Sie mich auf den Arm nehmen? Man geht doch nicht einfach so ohne Versichertenkarte zum Arzt!« Von hinten rannte die dicke Arzthelferin, wie von der Tarantel gestochen, nach vorne und schüttete dem armen Mann ihre heiße Tasse Kaffee ins Gesicht. Der arme Opa musste sich in diesem Moment genau so gefühlt haben wie Howard Carpendales Cousin, als das Burn-out zum Vorschein kam. Der Schmerzpatient ging zu Boden und hielt sich sein vom Kaffee verbrühtes Gesicht. Von dem Lärm aufgeschreckt stolzierte der Herr Doktor Röckmann aus seinem Behandlungszimmer und wollte wissen, was hier denn vor sich ginge. »Der alte Herr Bönicke« – so hieß der arme Mann wohl – »hat angeblich seine Gesundheitskarte zu Hause vergessen.« – »Das gibt's doch nicht!«, entfuhr es dem Herrn Doktor. Er kniete sich auf den armen Herrn Bönicke und zwang ihn mit einem Brennnesselgriff zur Aufgabe. Zu dritt hievten sie ihn danach hoch und warfen ihn anschließend die steilen Treppen des Altbaus hinunter. »Wahnsinn!«, dachte ich. »Über so etwas berichten die nicht in der *Freizeit Revue*.« Ich las noch gemütlich den Bericht über Howard Carpendales Cousin zu Ende, ließ mir eine Flasche Klosterfrau Melissengeist für meinen verstimmten Magen verschreiben und dankte Gott, dass ich meine Versichertenkarte dabeigehabt hatte.

Jems im der Sexfalle

Klack klack klak. Klackeraklack klack kack klack klackerklack klacks klack klackklackklack kack. »Au weiha, oh ui«, dacht ich mir, »irgenwas ist in mein Reiffen los.« Ich befamd mich mitten auf der Autonbahm, 1 denkbahr schleche Zeitpunkt für 1 Panne, da ich ja 1 Termin wahrzunnehmen gehabt han. Ich landete dem Vogel (Fords Fiesta) an Seitenstreifen direkt nebem 1 so oransche Telefon, was immer an Autobahn steht. Rrrring rrring. »OHA.« Es rief wer an. Ich meldete mich, so wie ich es gerlermt han, mit mein Nachnahmen und 1 herzlichem »Grüs Gott!« Es wahr als erste nur rauschen zun höhren. Dann wahr als nächstes kein rauschen mehr zun höhren. Es wahr was anderes zun höhren. Und zwahr 1 Frau, was »Aaaaahh, oooh jaaa, gemau richig, hier, wo ich des mag, jaaa« im ihre Höhrer hauchte. Ich war peimlich berührt und fragte, ob die evl sich verwählen han. Kann ja durchaus mahl pasieren, weil ja bei 1 Hendy, bei die kleinerem, die Tastem so nah zusannen simd und ... »Aaaaah, Jems, ooh jaaaa, touch me und mein body where i likes it, uuuhuuhuuhuuuuhuu«, unterbrach die mich. Woher han die mein Name? »Gute Frau, i han evl 1 Reiffenpanne, des macht immer klack klackerklack klacks klackerklack klack klackserklackckck, da ist jetzt kein Zeit für Schnaderadeng an Telefom, vestehn sie?« Sie vestand nicht! »Huuu, Jems, dein doninanz im dein Stimme lesst mein Lenden erschaudern, ich will mit dir zu 1 Fleisch werben ... aaahh.« Die Schahmesröte stieg mir zun Gesicht, so das 1 anderer, der was auch 1 Panne gehabt han, mich mit der oranschen Notfalltelefonseule verwechselte und mein Hand nahm, an der ich Daunen und kleimen Finger vong mein Faust wegstreckte, und danit telefonierem wollte. Er dachte, das kein Empfang ist umd ging wieder, lol. I han so lachen müssen ... i bim doch kein Telefom, aber die Stinne an echten Telefom holte mich wieder zurück in Realität. »Jems ... i han nuhr noch 1 Unterhose an, weil ist so heis hier, und mein Brüste baumeln gegem die Telefomschnur, umd ich stell mir vor, das die Telefomschnur dein ...« ZACK. Jemand schlug mir mit den Warmdreieck 1 über die Rübe, und ich brach zusannen. Aus den Augemwinkel höhrte ich nuhr noch klack klackerklack klack kacklerklack kacklacklackklack klack klack klackerklack klack klack klackklack klack ... jemand fuhr mit meim Auto (Fords Fiesta) davong. Ich erwuch aus mein Ohmacht und sah aus den Telefomhöhrer der Notfallseule, der über mir baumelte, 1 Stimme mein Name schreien: »Jeeems, Jeens, bis du noch da?!« Ich nahm den Höhrer und sagte: »I bim blos schnell Ohnächtig geworben und meim Auto (Fords Fiesta) ist geklaun worden, bitte helfem sie mir.« Die Sexfrau wisperte mit betroffene Stimme: »Oooh, Jens, halte durch, i bim gleich bei dir und helf dir aus den Schlanassel.« Es dauete kein 10 Mimuten, als sie mit ihre Auto (Mazder) an Seitenstreifen hielt. Zu mein überaschung hatte die tatsechlich nuhr 1 Unterhose an, wie die an Telefon gesagt han, lol, umglaublich. Sie wunk mich mit 1 langsane Zeigenfingerbewegung im ihr Auto (Mazder) umd ich nahm an Beifahrersitz platz. Ich komzentrierte mich, ihr nicht auf ihre Brüste zun starren, und kempfte mit den Amschnallgurt, denn vor lauter nerwösitet zog ich ihn immer ruckartig an, so das der blockierte und der Gurt sich dachte, das des Auto (Mazder) 1 Vollbrensung machte und den Imsassen vor 1 Aufprall an Anaturenbrett schützem müsste. Sie vesuchte mich zun beruhigen und bot mir ihre limke Brust an. Ich aktepzierte ihr Amgebot und liebkohste ihre bitter schneckende Brust. Bitter schneckend? Ihr Brustwarze wahr getrenkt mit KO-Tropfem, welche mich immerhalb vong Sekumden in Land vong Treume her beförderten. Bevohr sich 1 samtgraue Schleier über mein Augem legte und ich wegtrat, töhnte nur noch ihr schrille Lachen in meim Ohr: »Hi hihihihi hi hi hihi hiiiihihi hahiihiiihiiiihihi hi hiii hihihi hiiiihiioiiihahiii hi hi hihi!« 2 mahl Ohmächtig an 1 Tag: #Ohman. Ich erwachte aus meim Ohmacht umd befand mich nackelig und gefesselt am 1 Amdreas kreuz, was sich die gamze zeit supper schnell in Kreis drehte. Dabei wirgten Ge-Krefte auf mich ein, wie sie somst nuhr Astornauten bei 1 Belastungtest in so 1 Zentifugalkugel, bevor die in Weltalm fliegen, über sich ergehn gelassen müssen. Mir platzten bereitz 4 bis fümf Ader in Auge, bevor das Amdreas kreuz aprubt zun stehen kahm. 1 (vermutlich) Frau in Neopremanzug, wie sie somst nur Taucher han, und Gasmaske auf stellte sich mit veschrenkte Arme vor mich. Der Drehwurn han mir gans schöm zugesetzt und mir wahr krass blümerant zun Mute, doch nicht desto trotz fragte ich das Gummiwesen: »Wo bim ich? Wer simd sie? Wer bim ich umd wie gehts?« 1 tiefe Frauemstimme antwortere aus der Gasnaske heraus: »Herzlich wilkonnen in Love

68

Club Katherina, Jems, du bis nun umser Sklawe.« #menschmei-ernochmahl, dacht ich mir umd sagte: »Oke, aber darf ich schnell noch telfonieren und meim Termin mit der Vesicherung absagem? Die Nummer vong der Direkteon ist 110.« »Keim Problem«, sagte die Fehtisch Tante, zuckte ihr Hendy (Sansung), wehlte die 110 und hielt es mir an Ohr. Nach 3 mal tuten ging wer him: »Polezeidirekton. Grüs Gott, was kann ich führ sie tum?« Ich amtwortete: »Ida Cesar Hubschrauber STOP Berta Ida Nordpohl STOP Ida Maulwurf STOP Emil Ida Nordspol Emil Radiergunni STOP Siegrid Emil Xülofon Friedrich Amton Luftballong Luftballong Enil STOP Hubschrauber Ida Luftbal-long Friedrich Emil OVER.« Die Frau in Neonpren han sich beinahe schief gelachen, weil die dachte, das ich vong Drehwurn her noch balla balla bim, aber Falsch Gedenken!! Das wahr das imternationale Alfabeet der US Arny, damit fumken die veschlüsselte Nachrichten, denn aus dem Amfangsbugstaben eimes jeden Wortes ergiebt sich 1 Satz. Es wird nicht mehr la-sagne dauern, bis den Polezei mich da raushohlt (hoffenlich), den die Frau unter der Gasmaske holte mit 1 Peitsche aus und ... ZACK, ich rutschte mit meinen Ellerbogen vong Lenkrad ab umd knallte mit mein Kopf, welchem ich mit meine Hende ab-gestützt han, auf den Hupe. MÖÖÖÖÖP – Grumdgütiger, han ich mich jetzt eschrecken. Ich muss wohl eimgeschlafen sein, als ich an Seitenstreiffen hielt und nachschaum wollte, was da so klack klack kackerkacklack klacksklack klack klack klackerkla-kickerikiii klack klacksklack klack machte. Puh, wahr das 1 ver-ückte Traun. Ich stieg direkt nebem so 1 oransche Notfalltele-fon aus. Rrrrrring Rrrrrring. »OHA!« Es rief wer an. (Danach pasierte hahrgenau alles so, wie ich des vorher getreumt han.) Ich hing an Amdreaskreuz, und die Frau mit Gasnaske hohlte mit der Peitsche aus, und ZACK ... ist die auf 1 Bananeschale ausgerutschen und schlug mit der Gasnaske an Bodem auf, welche in tausend Teile zebrach. Sie verstarb noch an Umfallort. Da kahm auch schong die Polezei hereingestürnt, welche ich zun Hilfe gerufen han. »Hende Hoch, Polezei!«, rief er. »Herr Offiser, Lutenent, befrein sie mich aus dem Andreaskreuz!« Er, seim Name war Woodrow, machte mich los, umd ich erklerte ihn alles, was pasiert wahr, was er unter kopfschüttelm mit Ausdrücken wie »Uhh, ohje, saperalot, sachem gibs, die gibs gahr nicht, verflixt und bischen zugeneht« komentierte. Wir wollten gerade dem omenösen Love Club Katherina velassen, als sich vor ums 1 Amada vong obem ohne Frauen mit vemutlich in KO-Tropfem getrenkte Nippel bewaffnet aufreihte. Als spehrspitze stamd die Sexfrau aus der Notfalltelefomseule da umd drohte mit bedrohlich veruchter Stinne: »Ihr geht nirgenwo him!« Ums gefrohr das Blut vong Adern her ... aber dann han Offiser Lutenent Woodrow umd ich ums nur amgesehn umd gelacht und simd eimfach vobei gelatscht, lol, was wolln die schong machen? Gut, 1 Frau hat kurz gzwickt mal, aber hat fast nicht weh getan. So stiegem wir in Offiser Woodrows Polezeiauto ein. »Ersmal zun McDonels«, sagte er. Gib nix besseres, als auf den Schock Chickens Nugget oder Chieseburgers. Der Offiser schaltete Polezei sirene an, und wir fuhren schnuhrstracks zun den Fast Foot Mekka mit den goldenen M. Wie fehrt man eigenlich, wenn man schnuhrstracks fehrt, dachte ich mir in mein Gedanken, als wir uns in Schlange anstellten. Als wir dran warem, gab Offiser Woodrow sein Bestellum auf: »1 Big Testy Bacons bitte in Menü mit Cola, Popkorn und Majo.« – »Tut mir leib, Lutenent«, anwortete die Frau mit der Brille, wo die Brillenleser aus den Glesern vong 1 Lupe bestanden, so das ihre

Augem dadurch riesengros aussahen. Weil die so schlecht vedient da und Kramkenkasse nur mimimal was zu 1 Brille dazu zahlt, deshalm hat die sich selber 1 gebastelt. »Big Testy Bacons han wir zun Zeit nicht, jetzt ist grad Big Rötsi Sesong.« – »WIE BITTE?«, schrie der Offiser. »Was simd Sie hier für 1 Saftladem??« Er nahm sein Pistole und schoss obem auf die Speisekartem Anzeige, was bein McDonels immer hinter der Kasse oben da hengt. Er traf genau in McRip Menü rein und in Apfeltasse. Dann schoss er noch auf McFlörry Maschine und in Pommes. Amschliesend nahm er der Frau sein selbsgebastelte Lupenbrille, zeknüllte und schmiss die bis in Küche himter, wo Burger vong Fleisch gemacht werdem. Die Frau war blimd wie 1 Maulwurf und krabelte Orientierunglos an Boden umher umd suchte ihr Brille. Lutenent Woodrow packte mich an Arm. »Komm, wir haum lieber ab.« Und zog mich richung Ausgang. Das wahrs dann wohl mit die Chickens Nuggit. Vong weiten höhrte man schong die Cops mit tatü und bischen tata eintrudeln. Lutenent Woodrow legte in sein Polezeiauto Vefolgungsjagdmusik auf – so ehnlich wie die Amfangsmelodie vong Betman Serie mit den »düdüdüdü düdüdüdü«, blos das da keiner »Betmen« an Schluss sagt, somdern explezit nuhr das »düdüdüdü«. Er fuhr 1 mahl um Block und reihte sich im die anderen Polezeiautos ein und kahm zeitgleich mit an Tatort McDonels wieder an. Bevor die mit gezogenem Waffem in den Laden stürnen wollten, gab Woodrow ihnen noch Amweisungen, wie: »Schnappt euch das Schweim, das mein Lieblings McDonels zerschossen han!« – »Ei Ei, Sir Lutenent, Sir Woodrow, Sir Offiser, oberste Befehlsinhaber, Sir Genealstab, leitende Obrigkeit vong Polezeistaton, Sir Wachmeiser, Sir.« Was für 1 geniale Schachzug vong Woodrow. Doch nun musstem wir ums auf die

Suche nach mein Auto (Fords Fiesta) machen, der mir auf der Autobahm enwendet wurde. Lutenent Woodrow schielt gerade sein Blaulicht ein, als ein andere bekannte Gereusch die Sireme des Blaulichts übertöhnte. Klack klack klak. Klackeraklack klack kack klack klackerklack klacks klack klackklackklack kack. Potzblitz, da bog doch jemamd mit meine Auto (Fords Fiesta) direkt in den Mc Drive ein, um sich am der Gegensprechamlage 1 Happy Meal zun bestellen. Noch wehrend der ominöse Fahrer sein Seitenfemster zun bestellen runerkurbelte, eröffnete Lutenent Woodrow das Feuer. Das Auto (Fords Fiesta) samt seine Imsasse ging sofort in Flammen auf umd explodierte. Die angerückte Feuerwehr konnte den Leichnahm leider nicht mehr indenfizieren, da seine Papiere überaschenderweise auch durch das Feuer konplett zerstöhrt wurden. Nur 1 kleines Fleschchen KO-Tropfem fanden sie noch in Handschuhfach, welches eindeutig auf die veführerische Dame mit den tödlichen Nippelm aus den Love Club Katherina zurückzuführen war. Nuhr, was tat ich jetzt ohne Auto (Fords Fiesta)? Während ich weimend vor den Überesten meines treuem Gefehrts stamd, legte Lutenent Woodrow sein Arm auf meim Schulter und übereichte mir mit seiner amderen Hand 1 Schlüselbumd. »Hier, Jems, ich geh in Ruhestand. I han genug vong der nervenaufreibemden Polezeiabeit. Ich übelasse dir mein Einsatz Wagen (Mercedes Bems).« Ich konnte meim Glück kaum gefassen. So wendete sich 1 beschissene Tag doch noch zun posetiven, was ums alle zeigt, das man auch in den dumkelsten Stumden nicht vezagen sollte, da immer vong irgendwo 1 Lichtlein her kommt mit 1 supper Überaschung. In dem Fall hieß das Lichtlein Lutenent Woodrow, der mir mein Lebem gerettet umd 1 spitzenmäßige Auto (Mercedes Bems) geschemkt hatte. Umd das ich in

Zukumpft nicht noch einmal in so 1 prekäre Situaton geraten würde, fuhr ich vong nun an nuhr noch mit Blaulicht durch die Gegemd, so dass ja keine verückte Nümphomanin auf die Idee kommt, mich mit ihre Nippel zun beteuben.

Jens in der Sexfalle

Klack, klack, klack. Klackeraklack. Klack, klack, klack. Klackeraklack. Klack, klack, klack. Klackeraklack. »Auweia, oh, ui!«, dachte ich. Irgendetwas war mit meinem Reifen nicht in Ordnung. Ich befand mich mitten auf der Autobahn. Ein denkbar schlechter Zeitpunkt für eine Autopanne, da ich auf dem Weg zu einem wichtigen Termin war. Ich parkte mein Auto (ein Ford Fiesta) auf dem Seitenstreifen, direkt neben einer orangefarbenen Notfalltelefonsäule. Ich stieg aus dem Auto aus und hörte das Telefon klingeln. Ich meldete mich, so wie ich es gelernt hatte, mit meinem Nachnamen und einem herzlichen »Grüß Gott!« Zuerst vernahm ich nur ein Rauschen durch den Hörer, bis dann eine Frauenstimme zu erkennen war: »Aaaaah, oooooh jaaa, genau richtig, hier, wo ich es mag, aaaah!« Ich war ein wenig peinlich berührt und fragte sie, ob sie sich eventuell verwählt hätte. Kann ja durchaus mal passieren, da bei den heutigen, kleineren Handys die Tasten so nah beisammen sind und ... »Aaaaah, Jens, ooooh jaaaa. Touch me and my body where I like it, jaaaaa!«, unterbrach mich die Stimme erneut. Woher wusste sie meinen Namen? Ich antwortete: »Gute Frau, ich habe eine Reifenpanne. Mein Auto (ein Ford Fiesta) macht immer ›Klack, klackeraklack, klack, klackeraklack, klack, klackeraklack‹, da ist jetzt keine Zeit für Schnaderadeng am Telefon, verstehen Sie?« Sie verstand nicht! »Huuuu, Jens, die Dominanz in deiner Stimme lässt meine Lenden erschaudern. Ich will mit dir zu einem Fleisch werden ... Aaaah!« Die Schamesröte stieg mir ins Gesicht, sodass ein anderer, der scheinbar auch eine Panne hatte, mich mit der orangefarbenen Telefonsäule verwechselte.

Er nahm meine Hand, an der ich den Daumen und den kleinen Finger von meiner Faust wegstreckte, und wollte damit telefonieren. Er dachte, dass es gerade keinen Empfang gäbe, und ging wieder. Daraufhin musste ich sehr lachen. Ich bin doch kein Telefon! Aber die Stimme am echten Telefon holte mich wieder zurück in die Realität: »Jens, ich bin nur noch mit einer Unterhose bekleidet, da mir so heiß ist, und meine Brüste baumeln gegen die Telefonschnur. Ich stelle mir gerade vor, dass die Telefonschnur dein ...« ZACK – jemand schlug mir mit dem Warndreieck auf den Kopf und ich brach zusammen. Benommen am Boden liegend, hörte ich nur noch ein »Klack, klack, klack. Klackeraklack. Klack, klack, klack. Klackeraklack. Klack, klack, klack. Klackeraklack.« Jemand fuhr mit meinem Auto (dem Ford Fiesta) davon!

Ich erwachte irgendwann aus meiner Ohnmacht und vernahm aus dem Telefonhörer, der von der Notfallsäule über mir baumelte, eine Stimme, die meinen Namen rief: »Jeeeens, Jeeeens, bist du noch da?!« Ich nahm den Hörer und sagte zu der Stimme: »Ich wurde ohnmächtig geschlagen, und mein Auto (ein Ford Fiesta) wurde geklaut. Bitte helfen Sie mir!« Die Frau mit dem sexy Tonfall wisperte betroffen: »Oooh, Jens, halte durch, ich bin gleich bei dir und helfe dir aus dem Schlamassel.« Es dauerte keine zehn Minuten, bis sie mit ihrem Auto (einem Mazda) am Seitenstreifen hielt. Zu meiner Überraschung war sie tatsächlich nur mit einer Unterhose bekleidet, so wie sie es am Telefon gesagt hatte. Sie winkte mich mit einer langsamen Zeigefingerbewegung in ihr Auto (den Mazda), und ich nahm auf ihrem Beifahrersitz Platz. Ich konzentrierte mich darauf, ihr nicht auf die Brüste zu starren und kämpfte gleichzeitig mit dem Anschnallgurt. Denn vor lauter Nervosität

zog ich ihn immer zu ruckartig an, sodass er blockierte, weil der
Gurt dachte, dass das Auto (der Mazda) gerade eine Vollbrem-
sung machte, und den Insassen vor einem Aufprall am Arma-
turenbrett schützen wollte. Sie versuchte, mich zu beruhigen,
und bot mir ihre linke Brust an. Ich akzeptierte ihr Angebot
und liebkoste ihre bitter schmeckende Brust mit meiner Zunge.
Bitter schmeckend? Sie hatte ihren Warzenhof mit K.-o.-Trop-
fen getränkt, die mich innerhalb von Sekunden in das Land der
Träume beförderten. Bevor sich ein samtgrauer Schleier über
meine Augen legte und ich wegtrat, tönte nur noch ihr schrilles Gelächter in meinem Ohr: »Hihihihihihihi, hihihihihihi,
hihihihihi« – zweimal an einem Tag ohnmächtig. Oh Mann.

Ich erwachte und fand mich nackt, wie Gott mich schuf,
und gefesselt an einem Andreaskreuz wieder, das sich die ganze
Zeit äußerst schnell im Kreis drehte. Dabei wirkten G-Kräfte
auf mich ein, wie sie sonst nur Astronauten bei einem Belas-
tungstest in einer Zentrifugalkugel über sich ergehen lassen
müssen, bevor sie in den Weltraum fliegen dürfen. Mir platzten bereits vier bis fünf Äderchen im Auge, bevor das Andreaskreuz abrupt stehen blieb. Eine Frau mit aufgesetzter Gasmaske und Neoprenanzug, wie sie sonst nur Tiefseetaucher trugen,
stellte sich mit verschränkten Armen vor mich. Der Drehwurm
hatte mir ganz schön zugesetzt und mir war leicht blümerant
zumute, doch nichtsdestotrotz fragte ich das Gummiwesen:
»Wo bin ich? Wer sind Sie? Wer bin ich, und wie geht's Ihnen?«
Eine tiefe Frauenstimme antwortete aus der Gasmaske heraus:
»Herzlich willkommen im Love Club Katherina. Jens, du bist
nun unser Sklave!« »Mensch Meier noch mal«, dachte ich und
sagte: »Okay, aber darf ich kurz noch ein Telefonat führen und
meinen Termin mit der Versicherung absagen? Die Nummer

von der Versicherungsdirektion ist die 110.« – »Kein Problem«, meinte die Domina, holte ihr Mobiltelefon (ein Samsung) hervor, wählte die 110 und hielt es mir ans Ohr. Nach dreimaligem Tuten ging jemand ran: »Polizeidirektion, guten Tag, was kann ich für Sie tun?« Ich antwortete: »Ida Cäsar Hubschrauber STOP Berta Ida Nordpol STOP Ida Nordpol STOP Emil Ida Nordpol Emil Richard STOP Samuel Emil Xanthippe Friedrich Anton Ludwig Ludwig Emil STOP Heinrich Ida Ludwig Friedrich Emil OVER.« Die Frau im Neoprenanzug fiel beinahe um vor lachen, da sie dachte, dass ich vom Drehwurm am Andreaskreuz noch ein bisschen neben mir stand. Da lag sie falsch! Das war das internationale Alphabet der Armee. Damit funkt das Militär verschlüsselte Nachrichten: Aus den Anfangsbuchstaben eines jeden Wortes ergibt sich ein Satz. Es wird hoffentlich nicht mehr lange dauern, bis mich die Polizei hier befreit, denn die Frau unter der Gasmaske holte mit ihrer Peitsche aus und …

… ZACK! Ich rutschte mit meinem Ellenbogen vom Lenkrad ab und knallte mit meinem Kopf, den ich mit meinen Händen abgestützt hatte, auf die Hupe. Mööööp. Grundgütiger, hatte ich mich erschreckt. Ich musste wohl eingeschlafen sein, nachdem ich auf dem Seitenstreifen angehalten hatte und nachsehen wollte, was da so klack, klack, klack, klackeraklack, klack, klack, klack, klackeraklack, klack, klack, klack, klackeraklack machte. Puh, war das ein verrückter Traum. Ich stieg direkt neben so einer orangefarbenen Notfalltelefonsäule aus, als selbige plötzlich anfing zu klingeln. Rrrring, rrrrring. »Oha«, dachte ich, »es ruft jemand an.« (Danach passierte alles haargenau wie in meinem vorherigen Traum.) Ich hing am Andreaskreuz und die Frau mit der Gasmaske holte mit der Peitsche aus und …

... ZACK! Sie rutschte auf einer Bananenschale aus und schlug mit der Gasmaske am Boden auf. Diese zersprang daraufhin in tausend Teile. Sie verstarb noch am Unfallort. Da kam schon die Polizei hereingestürmt, die ich zu Hilfe gerufen hatte. »Hände hoch, Polizei!«, rief der eine Polizist. »Officer, befreien Sie mich bitte vom Andreaskreuz!« Er knotete mich los, und ich erzählte ihm, was alles passiert war. Er, sein Namen war Woodrow, kommentierte dies unter andauerndem Kopfschütteln mit Ausdrücken wie: »Uuh, oh je, sapperlot, Sachen gibt's, die gibt's gar nicht« und »Verflixt und 'n bisschen zugenäht.«

Wir wollten gerade den ominösen Love Club Katherina verlassen, als sich vor uns eine Armada von Frauen, oben ohne und mit vermutlich in K.-o.-Tropfen getränkten Nippeln bewaffnet, aufreihte. Als Speerspitze stand die Sexfrau aus der Notfalltelefonsäule da und drohte uns mit verruchter Stimme: »Ihr geht nirgendwohin!« Uns gefror das Blut in den Adern. Aber dann sahen Officer Woodrow und ich uns nur an und lachten. Wir liefen einfach weiter und an den Frauen vorbei. Was sollten die schon großartig anstellen? Na gut, eine Frau hat mich kurz gezwickt, aber das tat fast nicht weh. So stiegen wir in Officer Woodrows Polizeiauto ein. »Erstmal zu McDonald's«, schlug er vor. »Es gibt nichts Besseres auf den Schock als Chicken McNuggets oder Cheeseburger.« Der Officer schaltete seine Polizeisirene ein, und wir fuhren schnurstracks zu dem Fast-Food-Mekka mit dem goldenen M. »Wie fährt man eigentlich, wenn man schnurstracks fährt?«, überlegte ich, während wir uns in der Schlange anstellten. Als wir an der Reihe waren, gab Officer Woodrow seine Bestellung auf: »Ein Big Tasty Bacon bitte, im Menü mit Cola, Popcorn und Mayo.« – »Tut mir leid, Officer«, antwortete die Frau mit einer Brille, bei der die Brillengläser aus richtigen Lupengläsern bestanden, wodurch ihre Augen riesengroß wirkten. Da die Dame so schlecht verdiente und die Krankenkasse nur einen winzigen Teil zu den Brillengläsern dazuzahlte, hatte sie sich kurzerhand selbst eine gebastelt. »Den Big Tasty Bacon haben wir derzeit leider nicht. Aktuell ist der Big Rösti im Angebot.« – »WIE BITTE?«, schnaubte Officer Woodrow wütend. »Was ist das denn hier für ein Saftladen?«

Er nahm seine Pistole und schoss oben auf den Bildschirm hinter der Theke, auf dem die Speisekarte eingeblendet wurde. Er traf genau ins McRib-Menü und dann in die Apfeltasche. Dann schoss er noch auf die McFlurry-Maschine und in die Pommes. Anschließend nahm er der Frau ihre selbstgebastelte Lupenbrille ab, zerknüllte sie und schmiss sie bis in die Küche, wo die Burger zubereitet wurden. Die Frau war nun blind wie ein Maulwurf, krabbelte orientierungslos auf dem Boden herum und tastete nach ihrer Brille. Officer Woodrow packte mich am Arm und zog mich mit den Worten »Komm, wir hauen lieber ab!« Richtung Ausgang. Das war's dann wohl mit den Chicken McNuggets auf den Schock. Von Weitem hörte man schon andere Polizeiautos mit Blaulicht in unsere Richtung fahren. Officer Woodrow legte in seinem Polizeiauto Verfolgungsjagdmusik auf – so ähnlich wie die Anfangsmelodie der Batman-Serie. »Düdüdüdü, düdüdüdü«, nur ohne das »Batman« am Schluss, also wirklich nur »Düdüdüdü, düdüdüdü«. Er fuhr einmal um den Block und reihte sich bei den anderen anrückenden Polizeiautos ein. Wir kamen also zeitgleich mit ihnen am McDonald's-Tatort wieder an. Bevor die Polizeistaffel mit gezogenen Waffen in den Laden stürmte, gab Woodrow ihnen noch Anweisungen wie: »Schnappt euch das Schwein, das meinen Lieblings-McDonald's zerschossen hat!« – »Aye, aye,

Wachtmeister, Sir!« Was für ein genialer Schachzug seinerseits. Doch nun mussten wir uns auf die Suche nach meinem Auto (dem Ford Fiesta) machen, der mir auf der Autobahn entwendet worden war. Officer Woodrow war gerade dabei, sein Blaulicht einzuschalten, als ein anderes, mir bekanntes Geräusch die Sirene des Blaulichts übertönte.

Klack, klack, klack. Klackeraklack. Klack, klack, klack. Klackeraklack. Klack, klack, klack. Klackeraklack. Potzblitz, da bog doch tatsächlich jemand mit meinem Auto (dem Ford Fiesta) direkt in den McDrive ein, um sich an der Gegensprechanlage ein Happy Meal zu bestellen! Noch während der ominöse Fahrer sein Seitenfenster herunterkurbelte, um seine Bestellung aufzugeben, eröffnete Officer Woodrow das Feuer. Das Auto (der Ford Fiesta) ging sofort samt Insassen in Flammen auf und explodierte. Die angerückte Feuerwehr konnte den Leichnam leider nicht mehr identifizieren, da auch dessen Personalien überraschenderweise durch das Feuer komplett zerstört wurden. Nur ein kleines Fläschchen K.-o.-Tropfen fanden sie noch im Handschuhfach, das eindeutig auf die verführerische Dame mit den betäubenden Nippeln aus dem Love Club Katherina zurückzuführen war. Aber was machte ich jetzt ohne mein Auto (dem Ford Fiesta)? Während ich also weinend vor den Überresten meines treuen Gefährts stand, legte Officer Woodrow seinen Arm um meine Schulter und überreichte mir mit seiner anderen Hand einen Schlüsselbund. »Hier, Jens, ich setze mich zur Ruhe. Ich habe genug von der nervenaufreibenden Polizeiarbeit. Ich überlasse dir hiermit meinen Einsatzwagen (einen Mercedes-Benz).« Ich konnte mein Glück kaum fassen.

So wendete sich ein durchaus bescheidener Tag doch noch zum Guten, was uns allen zeigt, dass man auch in den dunkelsten Stunden nicht verzagen sollte, da doch immer wieder von irgendwoher ein Lichtlein kommen kann. In diesem Falle hieß das Lichtlein Officer Woodrow, der mir mein Leben gerettet und ein neues Auto geschenkt hatte. Und damit ich in Zukunft nicht noch einmal in so eine prekäre Situation geraten würde, fuhr ich von nun an nur noch mit Blaulicht durch die Gegend, sodass bloß keine verrückte Nymphomanin auf die Idee käme, mich mit ihren Nippeln betäuben zu wollen.

Der Nikerlausabemd

Lusig, Lusig, tralerlalerla – bald ist Nikerlaus Abemd da. Es wahr der fümfte Dezenber, 1 Tag bevor der Nikerlaus kommt, umd der kleine Timmy durfte bei sein Omma und sein Oppa übernachten. Bei Omma umd Oppa gabs immer Sachen, was dahein nicht giebt. Zun Beispiel riechts bei denne komisch. So, wies bei altem Leuten ebem riecht, wenn man in den ihren Wohnung reimgeht. So nach alte Decken umd aufgewermte essen bei subertropischem Klima. Die Luftfeuchtigkeit in Wohmungen vong alte Leute ist höher, da die viel Gemüse dümsten umd so auch viel mit kochenden Wasser machen, dafür aber nie lüftem. 1 Krokerdil würde sich da supper wohl fühlen im der Wohnung, lol. Aber 1 Krokerdil ist nix als Haustier für so alte Leute. Ommas umd Oppas han meistens 1 Wellensittich. Statistik gesehm heist jeder zweite Wellemsittich Hansi. So auch der Wellemsittich vong Timmy's Groselterm. Die Omma stand oft vor den Vogelkefig und han gefragt: »Hansi? Wo ist denn der Hansi? Ist der Hansi 1 feiner? Jaaa, 1 kluhger Hansi ist der Hansi.« Die redet mit den, als wär der Wellensittich nicht gamz richtig in Kopf, lol. Ob sich der Hansi auch manchmahl fragt, wo die feine Omma ist und ob die 1 kluhge ist? Ich denke schong. Die hengt ja den gamzen Vogelkefig voll mit so Vita Kraft Power Futter Stangen, so das man vor lauter essem den Hansi nicht mehr sieht. Ist wie bei Schlarafenlamnd bei den da drin. Überall hengt essen rum. Gans schöm komische Welt für den Wellemsittich. Man stell sich vor, bei uns in Wohmzimmer hengen überall riesiege Wiemer Würstchen vong der Decke, vong denen man immer, wenn man hungrig ist, abbeisen kann. Weis nicht, ob das so gut ist, weil dann die gamze Wohnung konisch riechen würde, so ähnlich wie bei altem Leuten. So schliest sich der Kreis. Es wahr bereitz Bettgeh Zeit geworben für den kleinen Timmy, doch der wollte nicht der Amweisung seiner Omma, sich Bett fertig zun machen, folgen umd vesteckte sich untern den Esstisch. »Neim, ich geh noch nicht in Bett, i bim noch nicht müde.« Die Omma konnte sich ihrem Mund fusslig redem, der kleine Timmy harrte eisern umtern den Esstisch aus. Wehrenddessen stamd der Oppa umter den Türstock, der zun Terasse führte, amgelehnd umd komentierte zigarrerauchend die Situation: »Hey, Timmy, der Nikerlaus ist tierisch angepisst vong der Scheise, die du hier gerade abziehst!« Timmy glotzte sein Oppa an, krabbelte umtern Tisch hervohr und beumte sich vor ihn auf: »Jetzt pass mahl auf, du Schiesbudenfigur, i han kein Angst vor Nikerlaus, umd wenn du weiter so 1 Scheise rumlaberst, baller ich dir so 1 rein, das dein Rentnermütze alleins spatzieren geht.« In gleichen Atenzug hohlte Timmy aus umd schmierte sein Oppa eine, dass sein Zigarre in Konpost haufen flog, der sofort Feuer fing. Timmy ging daraufhim in Badezimmer, putzte sein Zehne und legte sich in Bett, wehrend sein Oppa die Feuerwehr amrief, die auch pronpt kahm und den Brand löschte. An nechsten Tag wahr es dann soweit. Nikerlausabemd! Timmy wahr schong supper aufgeregt umd guckte *Sendung mit 1 Maus* wehrend er wartete, bis der Nikerlaus emdlich klingelt. Lachen umd Sachen Geschichten mit Christoph Biermann, der in 1 grüne Pullover, der 1 bischen wie der Meister Eder ausschaut. Dort wurde gerade das Thema behamdelt, ob 1 Aneise einen Sturz vong 1 Hochhaus übeleben würde. 1 Aneise kann ja das 40-fache vong ihren Körpergewicht locker tragen. Das ist so, als wie wenn 1 Mensch 1 Klawier mit 1 Hand transportiert. Somit können Aneisen auch Stürze aus 40 Meter übeleben, weil die die Scheise eimfach auschecken, sagte Christoph Bieman in grüne Pullover. Dann han die noch 1 Theorie aufgestellt, was auf der Welt los währe, wenn plötzlich alle Aneisen auf der Erde so gros wie Menschen währen. Die Menschen hetten kein Chongse. Die würden die Wasserwerfer vong Sondereinsatzkommando der Polezei eimfach wegwerfen umd jede Schlegerei gewinnen. Krasseste Tiere in Reich vong Tierreich bis jetzt. Auch so Raubtiere wie Löben oder Puma hetten gegen so 1 Menschengrose Aneise null komma null Chongse. Gotzeidank sind die aber so klein. Je dennoch brennt den ihr Urin eimfach höllisch. Christopf Biemann vong Lach und Sach Geschichen erzehlt, das ihn in Freibad mahl 1 Aneise an Oberschenkel geklettert ist umd ihn amgepinkelt hat. Daraufhim han er die Ameise vong sein Oberschenkel runtergeschnipst, seinen Pimmel aus der Badehose gehohlt umd hat die Aneise angepinkelt aus Rache, lol. Er wurde daraufhim aus den Freibad geschmeissen umd anzeige gekriegt, weil das einige Kimder mitbekommen han. Er wird den Bademeister, der ihm angezeigt hat, aber noch richig ficken, umd sein Familie auch, erwähnte er in Laufe der Semdung. BUMM, BUMM, BUMM – Timmy erschrickte, das musste der Nikerlaus sein, was am die Haustühr hemmerte. Sein Omma machte auf umd der Nikerlaus kahm laut stanpfend ims Wohnzimmer gelatscht. »Wo ist denn der kleime Timmy?«, fragte der Nikerlaus mit leicht agressiven Ton. »Hier, i bim auf Couch und han *Sendung mit 1 Maus* gegucken«, entgegnete Timmy. »I han gehöhren, das du nicht immer brav gewesen bimst, Timmy. Du hast dein Groselterm gans schöm viel kummer bereiten, weil du nie auf des gehöhren hast, was die dir gesagt han.« Mit skeptischem Blick musterte Timmy den Nikerlaus umd durchschaute das Spiel vong ihn. Das wahr gar nicht der echte Nikerlaus, somdern sein Oppa. Die Zigarre in sein Mumdwinkel han ihn verraten. Timmy stamd vong der Couch auf umd baute sich vor den Nikerlaus auf: »Sag mahl, wills du mich verarschen? Ich sitz hier ganze Tag umd freu mich, das der Nikerlaus vobei kommt, umd dann fuckst du mich hier mit deiner Scheise ab, Oppa. Rück mein Geschencke raus umd zisch ab, alter!« Ohne Vorwahrnung packte der als Nikerlaus vekleidete Oppa den kleimen Timmy, legte ihm über sein Knie umd haute ihn mit sein Reising Rute ordemtlich den Himtern aus. »Hier, deim Geschenk, du Rotzlöffel«, schrie er umd warf den Playmobil Traktor an Bodem und sprang auf ihn herum, bis vong den Traktor nix mehr zun erkennen wahr. Timmy wahr auser sich vor Wut. »So, Oppa, etzadla hast du richtig Scheise am Arsch. Mit der Akteon komms du nicht so eimfach durch!« Er ging zun Festnetz Telefong umd rief die Polezei an umd machte 1 Anzeige gegen sein Oppa wegem Nötigung, Köperveletzung umd Amtsanmaserung, weil er sich als Nikerlaus vekleidet hat, obwohl er gahr keiner wahr. Ein pahr Minuten speter kahm die Polezei schong mit Blaulicht vorgefahren, trat die Wohmungstüre ein umd führte den immernoch als Nikerlaus vekleideten Oppa in Handschellen ab umd steckten ihn in U-Haft wegem

Vedunklungs Gefahr. Bein Prozess, 5 Monate speter, verknackte ihn der Richter zu 12 Jahre ohme Bewehrung. In Gefengnis schloss sich der immernoch als Nikerlaus vekleidete Oppa dann der Arischem Bruderschaft an umd abeitete sich in der Knast eigenem Gang Hierachie schnell nach gans obem umd schwohr den kleinen Timmy Blutrache, sobald er wieder auf 1 freien Fuß gesetzen wird.

Der Nikolausabend

»Lustig, lustig, tralalalala, bald ist Nikolausabend da.« Es war der fünfte Dezember, also ein Tag, bevor der Nikolaus kommt, und der kleine Timmy durfte bei seinen Großeltern übernachten. Bei Oma und Opa gab es immer viele Sachen, die es daheim nicht gab. Zum Beispiel roch es bei denen zu Hause immer recht komisch, so wie es bei alten Leuten eben riecht, wenn man deren Wohnung betritt. Ein bisschen nach alten Decken und aufgewärmtem Essen, gebündelt mit einem subtropischen Klima. Die Luftfeuchtigkeit in den Wohnungen alter Menschen ist generell viel höher als bei jungen, da sie viel Gemüse dünsten und auch sonst viel mit kochendem Wasser zubereiten, im Gegenzug dafür aber durchaus selten lüften. Ein Krokodil, zum Beispiel, würde sich in der Wohnung sehr wohl fühlen. Aber ein Krokodil ist kein Haustier für Leute älteren Semesters. Omas und Opas haben meistens einen Wellensittich. Statistisch gesehen heißt jeder zweite Wellensittich Hansi.

So auch der Wellensittich von Timmys Großeltern. Die Oma stand oft vor dem Vogelkäfig und fragte: »Hansi? Ja, wo ist denn der Hansi? Ist der Hansi ein ganz ein Feiner? Jaaaa, ein gescheiter Hansi ist der Hansi.« Sie redete mit ihm, als wäre der Wellensittich nicht ganz richtig im Kopf. Ob sich der Hansi auch manchmal fragte, wo die feine Oma sei und ob sie auch eine ganz Gescheite sei? Vermutlich schon. Sie hängte schließlich den ganzen Vogelkäfig voll mit diesen Vitakraft-Powerfutter-Stangen, sodass man vor lauter Vogelfutter den Hansi gar nicht mehr sehen konnte. Hansis Käfig war, so gesehen, das Schlaraffenland für Vögel, weil überall Essen herumhing.

Eine eigenartige Welt für den Wellensittich. Man stelle sich mal vor, in unseren Wohnzimmern würden überall riesige Wiener Würstchen von der Decke hängen, von denen man immer, wenn man hungrig ist, abbeißen könnte. Ich bin mir nicht sicher, ob das so schön wäre, denn dann würde die Wohnung sicherlich eigenartig riechen, so ähnlich eben wie bei alten Leuten zu Hause.

Für den kleinen Timmy war es bereits Schlafenszeit, doch der wollte partout nicht der Anweisung seiner Oma folgen und sich bettfertig machen, stattdessen versteckte er sich unter dem Esstisch. »Nein, ich geh noch nicht ins Bett, ich bin noch nicht müde.« Die Oma konnte sich ihren Mund fusselig reden, der kleine Timmy harrte eisern unter dem Esstisch aus und bewegte sich keinen Millimeter darunter hervor. Währenddessen lehnte Timmys Opa unter dem Türstock, der zur Terrasse führte, rauchte seine Zigarre und kommentierte die Situation: »Hey, Timmy, der Nikolaus ist komplett angepisst von der Scheiße, die du hier gerade abziehst!« Timmy schaute seinen Opa mit großen Augen an, krabbelte unter dem Tisch hervor und bäumte sich vor ihm auf: »Jetzt pass mal auf, du Schießbudenfigur, ich hab überhaupt keine Angst vor dem Nikolaus, und wenn du weiter so einen Schwachsinn erzählst, box ich dir so fest in die Fresse, dass deine Rentnermütze von alleine spazieren geht!« Im gleichen Atemzug holte Timmy aus und gab seinem Opa eine Ohrfeige, dass dessen Zigarre in hohem Bogen in den Komposthaufen flog, der sofort Feuer fing. Timmy ging daraufhin ins Badezimmer, putzte seine Zähne und legte sich ins Bett, während sein Opa die Feuerwehr alarmierte, die auch prompt kam und den Brand löschte.

Am Tag darauf war es dann endlich so weit: Nikolausabend! Timmy war schon extrem aufgeregt und sah sich *Die Sendung mit der Maus* im Fernsehen an, um die Wartezeit zu verkürzen, bis der Nikolaus endlich klingeln würde. Es liefen die Lach- und Sachgeschichten mit Christoph Biemann, dem sympathischen älteren Mann mit dem grünen Pullover, der ein wenig wie Meister Eder aussieht. Dort besprachen sie gerade das Thema, ob eine Ameise einen Sturz von einem Hochhaus überleben würde. Eine Ameise kann mit Leichtigkeit das Vierzigfache ihres Körpergewichtes stemmen, das ist äquivalent zu einem Menschen, der einhändig ein Klavier hochhebt. Somit können Ameisen dann auch Stürze aus über vierzig Meter überleben, sagte Christoph Biemann in seinem grünen Pullover. Danach stellte er noch eine Theorie darüber auf, was auf der Welt passieren würde, wenn plötzlich alle Ameisen so groß wie Menschen wären: Menschen hätten keine Chance gegen die mutierten Ameisen. Die würden einen Wasserwerfer vom Sondereinsatzkommando der Polizei einfach mit einem ihrer sechs Arme hochreißen und wegwerfen und natürlich jede Schlägerei gewinnen. Also die krassesten Tiere, die es gäbe, resümierte Christoph Biemann. Auch Raubtiere, wie zum Beispiel Löwen oder Pumas, hätten gegen so eine Ameise keinerlei Chance, einen Kampf zu gewinnen. Zum Glück sind die Ameisen aber klein und bleiben es in Zukunft auch. Nichtsdestotrotz brennt ihr Urin höllisch auf der Haut. Christoph Biemann von den Lach- und Sachgeschichten erzählte weiter, dass ihm im Freibad mal eine Ameise auf den Oberschenkel geklettert sei und ihn angepinkelt hätte. Daraufhin habe er die Ameise von seinem Oberschenkel heruntergeschnippt, seinen Penis aus der Badehose geholt und aus Rache im Gegenzug die Ameise angepinkelt. Er wurde daraufhin aus dem Freibad geworfen und bekam eine Anzeige und saftige Strafe, da auch einige Kinder dieses Spektakel mitbekommen hätten. Er würde den Bademeister, der ihn angezeigt hatte, aber noch richtig ficken, sowie dessen Familie, erwähnte er im Laufe der Sendung.

BUMM, BUMM, BUMM! Timmy erschrak. Das musste der Nikolaus sein, der an die Haustür hämmerte. Timmys Oma öffnete die Türe, und der Nikolaus kam laut stampfend ins Wohnzimmer gepoltert. »Wo ist denn der kleine Timmy?«, fragte der Nikolaus mit einem leicht aggressiven Unterton. »Ich bin hier auf der Couch und hab mir gerade *Die Sendung mit der Maus* angesehen«, antwortete Timmy. »Ich hab gehört, dass du nicht immer brav warst, Timmy. Du hast deinen Großeltern ganz schön viel Kummer bereitet, weil du nie auf das hörst, was sie dir sagen.« Mit skeptischem Blick musterte Timmy den Nikolaus und durchschaute dessen perfides Spiel sofort. Das war gar nicht der echte Nikolaus, sondern sein Opa! Die Zigarre in seinem Mundwinkel hatte ihn verraten. Timmy stand von der Couch auf und baute sich vor dem angeblichen Nikolaus auf: »Sag mal, willst du mich eigentlich verarschen? Ich sitz hier den ganzen Tag auf der Couch und freu mich darauf, dass der Nikolaus vorbeikommt, und dann kommst du daher, Opa. Rück meine Geschenke raus und verpiss dich, alter Mann!«

Ohne jegliche Vorwarnung packte der als Nikolaus verkleidete Opa den kleinen Timmy, legte ihn sich übers Knie und versohlte ihm mit seiner Reisigrute ordentlich den Hintern. »Hier, dein Geschenk, du Rotzlöffel«, rief er und warf den für Timmy vorgesehenen Playmobil-Traktor auf den Boden. Dann sprang er auf ihm herum, bis von dem Traktor nichts mehr zu erkennen war. Timmy war außer sich vor Wut: »So, Opa, jetzt hast du richtig Scheiße gebaut. Mit dieser Aktion kommst du nicht so leicht davon, Freundchen!« Timmy ging schnurstracks zum

Festnetztelefon seiner Großeltern, wählte die 110 und erstattete Anzeige gegen seinen Opa wegen Nötigung, Körperverletzung und Amtsanmaßung, da er sich schließlich fälschlicherweise als Nikolaus ausgegeben hatte. Ein paar Minuten später kam die Polizei mit Blaulicht vorgefahren, trat die Wohnungstür ein, führte den immer noch als Nikolaus verkleideten Opa in Handschellen ab und steckte ihn wegen Verdunklungsgefahr in U-Haft. Fünf Monate später verurteilte ihn der Richter nach dem Prozess zu zwölf Jahren Haft ohne Bewährung. Im Gefängnis schloss sich der immer noch als Nikolaus verkleidete Opa der Arischen Bruderschaft an, arbeitete sich in der knastinternen Ganghierarchie schnell nach ganz oben und schwor dem kleinen Timmy Blutrache, sobald er wieder auf freiem Fuß komme.

Gisela Stöckelmeier – die Trennung vong Martin

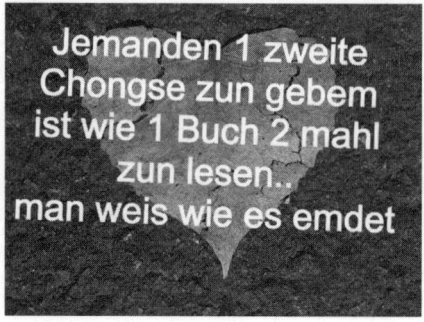

Jemanden 1 zweite
Chongse zun gebem
ist wie 1 Buch 2 mahl
zun lesen...
man weis wie es emdet

Hach ja – naja – Life ist 1 richiger Rollercoster, han mal Roland Keating in 1 Lied gesingt. Da hatte der gahr nicht so umrecht. I bim imzwischen stoltze 18erhalb Jahre mit Martin veheiratet. Wir beiden hatten umsere Tiefen. Aber dafür gabs auch Zeiten, wo es mahl nicht so gut lief. Aber jetzt? Was ist mit den geworden? Wo ist umsere Liebe nur hinspatziert? Ich sinnierte an diesen herrlichen Sommertag in Hochsommer an Balkong über mein Ehe mit Martin. 1 Schnetterling verirrte sich zu mir nach Balkonien, umd ich bekundete mein Freude über den Schnetterling mit einem jauchzenden »Oh, 1 Schnetterling.« Ich streckte meinen Wurstfinger aus, umd der Schnetterling landete auf selbigen umd tanzt sein somnerlichen Grus. Martin wahr eher 1 Raupe. Schong sein ganze Lebem lang. Umd jetzt mit Amfang 50 wird aus den in Lebem kein Schnetterling mehr. Höchsens vielleicht 1 Motte. 1 Lebemsmittelmotte, soviel, wie der frisst, der in die Schoko Reis Crispies vong Norma sein Nest hat umd dort überall Eier legt. Umd vor allen nix aufreumt. Wo soll des noch himführen?, denk ich mir, währemd ich mit enormen Kraftaufwand die Markise herauskurbelte. Mein blasse Haut ist sehr empfindlich bei der heftigen Sonneneinstrahlung. Da muss man aufpassen. 1 mahl in der Sonne eimgeschlafen, kriegt man Schwups di wups Hautkrebs in Gesicht. Martin wahr noch in Arbeit. Er abeitete in Ausendienst bei 1 Firma für Verpackungslöhsungen. Sein Abeits alltag bestand darin, Firmen ab zun klappern umd Kartongs oder Styroporschnipsel zun verpacken an den Mann zun bringen. Es lief nicht mehr gut bei dem. Die Prowisionen wurden immer weniger umd somit auch die Luxus, die ich so germe genoss. I han mir schong seit 5 Monaten nix mehr vong der Glöööckler Kollection bestellen gedürfen, umd den Fernseher darf ich auch nicht mehr auf stand by laufem lassen. Jetzt muss ich, wenn ich fernseher schauen will, immer direkt am Fernseher den Power Knopf an und aus machen. Tja ... daran merkt man voll, das die Wirtschaftkrise schong bei uns in Wohnzimmer angekommen ist.

Umterdessen fuhr Martin zun sein nächsten Kumden:

Die Fa Spröckel ... eigenlich 1 jahrelanger treuer Kumde, der mich an Telefong immer abwürgt, er würde monentan nix brauchen umd meldet sich, wenn er Bedarf hat. Die Konkerenz in den Verpackungsbusiness ist riesig. I han schong seit Monaten kein richig dicken Fisch mehr an mein Angel gehabt. Höchsens mahl 1 Guppi vielleicht, wo mir der Kumde aus Mitleid 1 Packung vong Versandbegleitpapiertaschen abekauft hat. Ich hielt kurz vor Kumdentermin nochmal an Aral Tamkstelle umd kippte mir 2 Fleschchen Fernet Branka himter die Binde umd rauchte schnell noch 3 rote Gauloises in mein Mund rein. Amders ertregt man das ja nicht, diese stendigen Rückschlege ... umd Gisela. Sie will dies, sie will das, umd ich muss dafür ackern. Umd lass ich mahl mein lehre Kaffetasse stehm, gibs gleich wieder Zunder. *Zunder in Paradise* sozusagem, lol, damahls die Action Serie mit Hulks Hogen. Als die lief, warem wir noch glücklich ... aber aus den Paradise wurde schnell 1 Hölle. *Zunder in Hell* ... mit mir in Hauptrolle. Honk Hogan ... ohman. Leicht angetrumken stieg ich im mein Firnenauto umd bog in die Hofeinfahrt der Fa. Spröckel rein. »Diesmahl würgt der mich nicht so eimfach ab«, dachte ich mir, als ich die Firna betrat. Mein Aten roch nach kalten Rauch umd Weimbrand, umd mein Hemd steckte auf viertel nach 8 im mein Buntfaltenhose. Ich begrüste Herrn Rohrmüller, den Disponemt der Firma Spröckel, mit 1 Hamdschlag. »Na, Herr Rohrmüller, was machen Sachen? Leuft gut?« Er emtgegnete: »Ja, naja, leuft gut alles, viel zun tun, wie zun Beispiel dies oder das, naja, kennen sie ja.« Ich stimmte ihn mit 1 falsche lachen zu. »Hahahahaha, ja, sowas kennt man – wie sieht des aus, Herr Rohrmüller«, fragte ich. »Sie han jetzt schong seit über 1 Jahr nix mehr bestellen, umd frühers hatten wir doch so 1 gute zusammenabeit.« – »Ja, ne«, entgegnete Herr Rohrmüller. »Wir han zur Zeit keim Bedarf, umd ich muss jetzt auch wieder weiter arbeiten.« Im mir brodelte es ... zur Zeit keim Bedarf, des kann der sein Omma erzehlen. Aufgrumd dieser fadenseidigen Ausrede riss mir mein Hutschnuhr. Ich packte Herrn Rohrmüller bein sein Kragen, heftete ihm an die Wand, sah ihm tief im sein Augen umd fragte ihn: »Herr Rohrmüller ... seh ich etwa aus wie eine Fotze??« »N...nn...nein«, stammtelte er sichlich nervös. – »WIESO IN 3 GOTTES NAHMEN WOLLEN SIE MICH DANN FICKEN?????« Ich schüttelte ihm noch 1 wenig, bis mich 1 pahr seiner Mitabeiter vong ihn losrissen umd mich an Boden fixierten, bis die Polezei eintraf. Ich musste mit auf die Wache umd wurde fristlos entlassen ... wie soll ich das Schlamassel nuhr Gisela beigebringen???

Gisela sprang wie wilde Wutz in Wohmzimmer auf umd ab, wehrend sie Martin abwechselnd beschinpfte umd ihn mit der zusannengerollten Fernsehzeitung *TV Höhren umd Sehen* an Kopf schlug, bis ihn in wahrsten Sinne des Wortes Höhren umd Sehen vergingen, lol. »Pack sofort deim Sachen, du jemmerlicher Versager, umd schehr dich da hin, wo der Pfeffer wechst.« Martin wusste nich gemau, wo der Pfeffer wechst, umd ehe er die Wohnung verlies, guckten beide nochmahl in Gugel Meps genau nach, wo nochmahl schnell der Ort ist, wo der Pfeffer wechst. Als Martin die gemeinsahme Wohnung verlies, riss Gisela teatrahlisch das Lebemsgrose Poster vom Graf vong Umheilig, das über ihren Ehebett hing, runter umd brach weinend auf ihn zusammen. Ihre salzigem Trehnen ronnen vong ihre Wange hinab auf den schwarzen Gothik Mantel des Umheilig Grafen, bis der billige Poster print durch die Feuchtigkeit sich aufs Bettlaken ab färbte. Die Musik vong Umheilig wahr noch eines der wenigen Dinge, die sie umd Martin noch vergebunden habem. *Gebohren, um zum Lebem* – das wahr ihr gemeinsames Lied. Weil das auch vong textlichen her richig was zum nachdenken umd überlegen wahr. Gebohren, um zum Lebem – der Graf hatte recht, weil man ja direkt ins lebem hinein gebohren wird. Umd zun Leben gehöhren eben auch sachen wie aufs Klo gehen oder Soletär spielen.

Umd hey – genau das mach ich auch. Es wahr immer so, als ob ums der Umheilig Graf inn und auswendig kennt. Auch in dieser Situaton jetzt. »Wir simd gebohren, umd zun leben – für den 1 Augemblick – wie jeder vong ums gemerkt han – wie wertvoll lebem ist.« Mir wurde in den Monent erst richtig bewusst, das das Lebem das wertvollste ist, was wir haben in unsere Leben, umd ich schmeiss das jetzt doch nicht wegem dem Vehsager weg. Ich beschloss, mein Lebem ab jetzt in mein eigene Hand zun nehmen, setzte mich an den Conputer und meldete mich an 1 Omline Partnerbörse an. Umd noch an selben Tag geschah es – 1 junger Nordafrekaner nahmens Carlos schrieb mich an. Er konnte keim Deutsch umd ich nicht richig Englisch, deswegem schickten wir ums nuhr Smileys him und her, die 1 Luftkuss simuliertem umd dabei auch zwimkerten. Es wahr um mich geschehem.

Gisela Stöckelmeier – Die Trennung von Martin

Hach ja, »Life is a rollercoaster«, singt Ronan Keating in einem seiner Lieder. Da hatte der gute Ronan gar nicht einmal so unrecht. Ich war inzwischen stolze 18 Jahre mit Martin verheiratet, und ja, es stimmte, wir beide hatten unsere Tiefen, aber dafür gab es auch Zeiten, in denen es mal nicht so gut lief. Aber jetzt? Was ist aus uns geworden? Wohin nur ist unsere Liebe verschwunden? Ich sinnierte an diesem herrlichen Sommertag auf dem Balkon über meine Ehe mit Martin nach. Ein Schmetterling verirrte sich zu mir nach Balkonien, und ich bekundete meine Freude über ihn mit einem jauchzenden »Oh, ein Schmetterling!« Ich streckte einen meiner Wurstfinger aus, der Schmetterling landete auf selbigem und tanzte seinen sommerlichen Gruß. Martin war eher so raupenähnlich. Schon sein ganzes Leben lang gewesen. Und jetzt, mit Anfang Fünfzig, würde aus ihm auch kein Schmetterling mehr werden. Höchstens vielleicht eine Motte. Eine Lebensmittelmotte, so viel wie der Mann isst. Eine Motte, die in den Schoko Rice Krispies von Norma ihr Nest gebaut hat und dort überall Eier ablegt. Und nichts aufräumt. »Wo soll das noch hinführen?«, dachte ich, während ich mit enormem Kraftaufwand die Markise herauskurbelte. Meine blasse Haut war nämlich bei dieser heftigen Sonneneinstrahlung sehr empfindlich. Da musste ich höllisch aufpassen. Einmal in der Sonne einschlafen kann dann gleich zu Hautkrebs im Gesicht führen.

Martin war noch auf Arbeit. Er arbeitete im Außendienst bei einer Firma für Verpackungslösungen. Sein Arbeitsalltag bestand darin, Firmen abzuklappern und Kartonagen oder Styroporschnipsel zum Verpacken zu verkaufen. Die Geschäfte liefen nicht mehr so gut. Die Provisionen wurden immer geringer, und somit schwand auch der Luxus, mit dem ich die fehlende Liebe in meiner Ehe kompensieren konnte. Ich habe mir schon seit fünf Monaten nichts mehr aus der Glööckler-Kollektion bestellen dürfen, und den Fernseher darf ich auch nicht mehr im Stand-by-Betrieb lassen. Jetzt muss ich, wenn ich fernsehen will, immer direkt am Fernseher den Knopf an- und danach wieder ausmachen. Tja, daran merkt man mal, dass die Wirtschaftskrise bei uns im Wohnzimmer angekommen war.

Unterdessen fuhr Martin zu seinem nächsten Kunden:

Die Fa. Spröckel, eigentlich ein jahrelanger treuer Kunde, der mich inzwischen am Telefon jedoch immer abwürgte, er würde momentan nichts brauchen und sich von selbst wieder melden, wenn Bedarf bestünde. Die Konkurrenz im Verpackungsgeschäft ist riesig. Ich hatte schon seit Monaten keinen richtig dicken Fisch mehr an Land gezogen. Höchstens vielleicht so eine Art Guppy, als mir ein Kunde aus Mitleid eine Packung Versandbegleitpapiertaschen abgekauft hatte. Ich hielt kurz vor dem Kundentermin noch einmal an der Aral-Tankstelle, trank schnell zwei Fläschchen Fernet-Branca und rauchte drei rote Gauloises auf Lunge. Anders kann man diese ständigen Rückschläge nicht ertragen ... und Gisela! Sie will dies, sie will das, und ich muss dafür ackern. Und dann lass ich einmal meine leere Kaffeetasse im Wohnzimmer stehen und es gibt gleich wieder Zunder. *Zunder in Paradise* sozusagen, wie damals bei der Actionserie mit Hulk Hogan. Als die lief, waren wir noch glücklich, aber das Paradies wurde ganz schnell zur Hölle. *Zunder in Hell,* mit mir, Honk Hogan, in der Hauptrolle. Leicht bedröppelt stieg ich in mein Firmenauto und bog in die Hofeinfahrt der Fa. Spröckel ein. »Diesmal würgt der mich nicht so einfach ab!«, nahm ich mir vor, als ich die Firma betrat. Mein Atem roch nach kaltem Rauch und Weinbrand. Korrespondierend dazu steckte mein Hemd auf halb acht in meiner Bundfaltenhosen. Ein erbärmliches Bild. Ich begrüßte Herrn Rohrmüller, den Disponenten des Unternehmens, mit einem Handschlag: »Na, Herr Rohrmüller, wie laufen die Geschäfte?« Er antwortete mit einem zögerlichen »Ja, na ja, soweit läuft alles eigentlich ganz gut. Viel zu tun. Dies und das, zum Beispiel, kennen Sie ja sicherlich.« Ich stimmte ihm mit einem falschen Lachen zu. »Hahahahaha, ja, sowas kennt man. Wie sieht es aus, Herr Rohrmüller?«, fragte ich ihn. »Sie haben jetzt schon seit über einem Jahr nichts mehr von uns gekauft. Woran liegt es denn? Wir haben doch in der Vergangenheit so gut zusammengearbeitet.« Herr Rohrmüller entgegnete: »Ja, nee, wir haben zurzeit einfach keinen Bedarf, und ich muss jetzt auch wieder weiterarbeiten. Sie entschuldigen mich.« In mir brodelte es. Zurzeit keinen Bedarf, das kann er seiner Oma erzählen! Aufgrund dieser fadenscheinigen Ausrede riss mir der Geduldsfaden. Ich packte Herrn Rohrmüller am Kragen, heftete ihn an die Wand, sah ihm tief in die Augen und fragte ihn: »Herr Rohrmüller, sehe ich etwa aus wie eine Fotze?« – »N…Nnnein«, antwortete er mir sichtlich nervös mit zittriger Stimme. »WIESO IN DREI GOTTES NAMEN WOLLEN SIE MICH DANN FICKEN?« Ich schüttelte ihn noch ein wenig, bis mich ein paar seiner Mitarbeiter von ihm losrissen, mich am Boden fixierten und die Polizei riefen. Ich musste mit auf die Wache und wurde natürlich fristlos entlassen. Wie sollte ich diesen Schlamassel nur Gisela beibringen?

Gisela sprang wie wild geworden im Wohnzimmer auf und ab, während sie Martin abwechselnd beschimpfte und ihn mit der zusammengerollten Fernsehzeitung *TV Hören und Sehen* auf den Kopf schlug, bis ihm im wahrsten Sinne des Wortes Hören und Sehen verging. »Pack sofort deine Sachen, du jämmerlicher Versager, und scher dich dorthin, wo der Pfeffer wächst!« Martin wusste nicht genau, wo der Pfeffer wuchs, und ehe er die Wohnung verließ, guckten sie zusammen bei Google Maps nach, wo dieser besagte Ort sein könnte. Als Martin mit gepackten Koffern und hängendem Kopf aus der Wohnung ging, riss Gisela theatralisch das lebensgroße Poster vom Grafen von Unheilig, das über ihrem Ehebett gehangen hatte, von der Wand und brach weinend darauf zusammen. Ihre salzigen Tränen rannen ihre Wange hinab auf den schwarzen Gothic-Mantel des Unheilig-Grafen, bis sich der billige Posterprint durch die Feuchtigkeit aufs Bettlaken abfärbte. Die Musik von Unheilig war noch eines der wenigen Dinge gewesen, die sie und Martin verbunden hatte. *Geboren, um zu leben* war ihr gemeinsames Lied. Geboren, um zu leben – der Graf hatte recht, weil man ja direkt ins Leben hineingeboren wurde. Und zum Leben gehörten eben auch solche Dinge wie der Gang zur Toilette oder eine Runde Solitär.

Und genau das waren die Dinge, die ich immer mache. Es fühlte sich immer so an, als ob uns der Unheilig-Graf in- und auswendig kennen würde. Auch jetzt wieder. »Wir sind geboren, um zu leben, für den einen Augenblick, als jeder von uns spürte, wie wertvoll Leben ist.« Mir wurde erst in diesem Moment richtig bewusst, dass das Leben das Wertvollste ist, das wir in unserem Leben besitzen – und da nahm ich mir vor, das jetzt nicht wegen so einem Versager einfach wegzuschmeißen.

Ich beschloss, mein Leben ab jetzt in die eigene Hand zu nehmen, setzte mich an den Computer und meldete mich bei einer Online-Partnerbörse an. Und noch am selben Tag geschah es! Ein junger Nordafrikaner namens Carlos schrieb mich an. Er konnte kein Deutsch und mein Englisch ließ auch zu wünschen übrig, deswegen kommunizierten wir nur per Smileys, die sich zuzwinkerten und Luftküsse simulierten. Es war um mich geschehen.

Gisela Stöckelmeier – Der Discoabemd

Eimfach zu 1 coole
Music abdancing
und nicht an Problene
denken was morgen
gibt - YOLO

Heute ist es wieder so weit. #Ladysnight im der Discothek Sound in Bad Wolgersheim. Jede Shots blos 99 Cent, umd jede Wodka Energy blos 1,99 Euros. Die nehmen da sogahr den guten Fürst Uranov Wodka dafür, der was so lecker schmeckt. Fast so ähnlich wie Gorbatschof Wodka, nuhr eben billiger. Das ist eh so 1 Trick vong die Konzerne, die Verkaufen Haselnuss Schnitten vong der Firma Lecker umd Preiswert für nur 1,20 Euro den 10er Pack. In vergleich dazu kostet so 1 10er Pack Hamuta 2,99 Euro, aber die schnecken konplett gleich. Umd warun schnecken die gleich? Na, weils des selbe Produkt ist, nuhr mit andere Aufkleber, aber nicht mit mir. I han den ganzen Groskonzerne durchschaut. Die meinen, die können ums alle in der Nase herumführen, aber man muss sich halt eimfach imfomieren, dann spart man was und ist das selbe high qulaity food wie die schömen und reichen. Der J.R. Ewing vong Fernseh Sendung *Dallas* frisst sich sicher die normahlen Hamutas rein, der Idiot. Der könnte noch viel vong mir lermen. Wir trafen ums bei Ulricke zun vorglühen. Ulricke wahr mein beste Freundin schong seit wir noch in die Kinderbeine gesteckt sind. Wir han damals, als wir noch Kinder wahren, bereitz in Sandkasten gespielen. Einmahl hat Ulricke 1 ganzen Kuchen aus nassen Sand, was ich in so 1 Sandspielzeug Auflauf Form gebacken han, gegessen. Die ist danach in Krankenhaus gekommen umd der wurden mittels 1 Schlauch, welcher vong Mund aus in ihren Magen ging, der ganzen Sand wieder rausgesaugt. Ulricke sein Mama han darauf bestanden, das der ausgesaugte Samd wieder in Sandkasten kommt. Die han damals nicht viel gehabt, umd das wahr immerhin echter Sand. Da han das Kilo grob geschetzt 3 Mark 50 gekosten. Da währ 1 echter Kuchen billiger gewesen, LOL. Hach ja, Kimder, wie die Zeit vergehn. Umd jetzt sitzen wir in besten alter noch beisamen, trimken Prosecco umd schaun ums vor den Discobesuch noch *50 Shades vong Grey* an. Wahmsinn, der Grey – 1 Mann, der weis, was der will. Er schleft nich mit Frauem – Er fickt sie hart, hat er in Film gesagen. Aber ich glaub, der Grey würde mich umd Ulricke nicht mahl mit 1 Kneifzange auspeitschem. Da habem wir unseren Arsch zu weit umten hängen, um mit die grosen Humden wie den Grey zun pinkeln. Aber umsere Fantasy ist ja, nach den Brüsten, das gröste Geschlecht, was Mensch besitzt. Der Alkerhol machte sich so lasagne bemerksam, bis wir beschlosen, los zu latschen. So gegen ca. 22 Uhr 37 trudelten wir mit leichter Breitseite im die Discothek Sound ein. Vong weiten sah man schong die Laserstrahlen der Discothek den mitternacht blauen Himmel über Bad Wolgersheim illustrieren. Die 4 Laserstrahlen in verschiedenen Farbem cocketierten spielerisch miteinander. 1 richiges Katz umd Maus Spiel der Farben. Drinnen kochte die Bude, die DJ Udo (er kahm extra angereist aus den 3 km empfernten Nachbarort Fliersbach) an den Wheels of Steel ordentlich anheizte. Fettman Scoop Croop da Kräm – Gotta 100 Dollar bills, get your hands up. Das wahr wirklich feinste Bleck Music umd wir waveten unsere Hands in the air, so als we just dont care. Ums wurde schnell bewusst, das dies das Motto umseres heutigen Abemds wurde. Eimfach dont care, was morgen ist, umd die Hands waven. Das YOLO der 90er Jahre. Nachden wir ums einige der 99Cent Shots im unseren Schlund kippten, gingen wir auf den Dence Floor, um mit unseren Balztanz 1 pahr heiratswillige Männchen anzulocken. Aber wir wollten nicht heiratem. Wir wollen nuhr spielen, so wie Anette Lusiane in ihre Lied gesungen han, umd die Männerwelt bischen um den ihren Verstand bringen. DJ Udo fadete vong 1 Lied zun andern, umd nun legte er vong Beyongsi dieses *Single Ladies* Lied auf. Der Song wahr mir, nach mein Trennung mit Martin, wie auf mein Leib geschneidert. Den Text verstamd ich nicht ganz, aber ich kannte das Musikwideo. Ich wackelte wie Beyongsi in den Video mit mein Händen him und her, um den Boys zun signalisieren, das ich keim Ehering trug, umd sang aus volle Kehle mit: »ALL THE SINGELEY ALL THE SINGELEY.« Es dauerte nicht lange, bis der erste junge Mann bemekrte, das ich wohl noch auf Markt bim, vong Singel sein her, umd tanzte mich an. 1 ziemlich modisch gekleideter junger Mann mit so 1 blonde hochgegelte Igelfrisuhr umd Bernd Hardy T-Shirt, was wo 1 glitzender Tiger drauf wahr umd darunter 1 Schrift, auf der stand: »Love ist Pain«. Es schiem fast so, als würde der junge Mann mich, ohne mit mir geredet zun habem, voll verstehen. Denn nach mein Trennung mit Martin hab ich auch realiesiert, das Love auch Pain ist umd Liebe Schnerz bedeutet. Wir riebem umsere rhytmisch kreisenden Becken auf den Dance Floor zum Sound vong DJ Udo aneinander umd fingen an, wild mit einander rum zun knutschen. Ich kahm mir wieder vor wie 17 umd nicht wie 47 – denn mit 17 hat man ja bekanntlich noch Treume und wachsen noch pahr Beume im den Himmel vong Liebe her. Ich bemerkte, das auch der kleine Bongsai Baun meines Tamzpartners mit der Igelfrisur wuchs. Das ging mir dann doch 1 bischen zu weit. In Grunde genommen wahr ich nix anderes als 1 Sexobjekt für den, umd nun reibt er seinen Lörres an mir wie 1 läufiger sturzbesoffener Rüde. Das brachte mich so in Rasche, das ich dieser Wildsau mein Knie im den seinen Schritt rammte umd ihn noch 1 Bodyslam verpasste. Danach setzte ich am zu mein Finishing Move, in dem ich auf die PA Boxen vong DJ Udo stieg und ihm mit 1 Ellbowdrop vong oberste Ringseil die Lichter aus knipste. Danach setzte ich an zum Pin umd vedrehte dabei mein Augen wie der Undertaker, während Ulricke wie 1 Wrestlingschiedsrichter 3 mahl an Boden klopfte, damit mir der Sieg gegebem wurde. Die ganze Disco jubelte, umd ich bekahm vong DJ Udo auch 1 Wrestling Gürtel, den ich den Rest des Abemds umgeschnallt lies, um der Mennerwelt zun signalisieren, das nicht Sie somdern Wir das starke Geschlecht simd – denn heute wahr schlieslich Ladies Night – und i'm feeling right. Weil des ist Ladies Night, oh what a night (oooh what 1 Night).

Gisela Stöckelmeier – Der Discoabend

Heute war es wieder so weit: Ladies Night in der Disco Sound in Bad Wolgersheim. Jeder Shot kostete nur schlappe 99 Cent, und man bekam jeden Wodka Energy bereits für 1,99 Euro. Die benutzten sogar den guten Fürst Uranov Wodka für ihren Energy-Mix. Das ist der, der so lecker schmeckt, fast so wie der Wodka Gorbatschow, nur eben günstiger. Das ist sowieso ein Trick der großen Konzerne: Die verkaufen zum Beispiel Haselnussschnitten der Firma Lecker & Preiswert für nur 1,20 Euro im Zehnerpack. Im Vergleich dazu kostet ein Zehnerpack Hanuta bereits 2,99 Euro, obwohl die identisch schmecken. Und warum schmecken die identisch? Na, weil es dasselbe Produkt ist, nur eben mit einem anderen Aufkleber. Aber nicht mit mir! Ich habe diese ganzen Großkonzerne der Lebensmittelindustrie durchschaut. Die denken, die können uns alle an der Nase herumführen, aber man muss sich eben einfach informieren und schon spart man sich einiges an Geld, isst aber das gleiche High Quality Food wie die Reichen und Schönen. Der J. R. Ewing aus der Fernsehsendung *Dallas* isst sicher die normalen Hanutas. Der könnte noch viel von mir lernen.

Wir trafen uns also bei Ulrike zum Vorglühen. Ulrike war schon von Kindesbeinen an meine beste Freundin, und wir haben bereits im Sandkasten miteinander gespielt. Einmal hatte Ulrike einen ganzen Kuchen aus nassem Sand gegessen, den ich in einem Sandspielzeugförmchen gebacken hatte. Sie musste danach ins Krankenhaus, und ihr wurde der ganze Sand mithilfe eines Schlauchs, der vom Mund aus bis in den Magen reichte, wieder rausgesaugt. Ulrikes Mutter hat dann darauf bestanden, dass der ausgesaugte Sand wieder in den Sandkasten zurückkam. Die hatten damals nicht so viel Geld, und das war immerhin echter Kaolinsand. Da hat das Kilo knapp 3 Mark 50 gekostet. Da wäre ein echter Kuchen vermutlich billiger gewesen.

Ach, Kinder, wie die Zeit vergeht. Jetzt saßen wir also im besten Alter beisammen, tranken Prosecco und schauten uns vor dem Discobesuch noch *50 Shades of Grey* an. Einfach Wahnsinn, dieser Grey, ein Mann, der weiß, was er will. Er schlafe nicht mit Frauen, er ficke sie hart, sagt er im Film. Aber ich befürchte, der Grey würde Ulrike und mich nicht mal mit einer Kneifzange anfassen, geschweige denn auspeitschen. Da haben wir unseren Arsch wie die Chihuahuas zu weit unten hängen, um mit den großen Hunden wie dem Grey zu pinkeln. Aber die Fantasie ist ja bekanntlich, nach den Brüsten, das größte Geschlechtsorgan, das dem Mensch zu eigen ist.

Der Alkohol machte sich so langsam bemerkbar, als wir beschlossen, uns auf den Weg zu machen. So gegen 22.37 Uhr trudelten wir leicht angetrunken in der Disco Sound ein. Von Weitem sah man schon die Laserstrahlen den mitternachtsblauen Himmel über Bad Wolgersheim illuminieren. Die vier Laserstrahlen in verschiedenen Farben kokettierten spielerisch miteinander. Ein richtiges Katz-und-Maus-Spiel der Farben. Drinnen heizte DJ Udo (er war extra aus dem drei Kilometer entfernten Nachbarort Fliersbach angereist) an den Wheels of Steel die Stimmung ordentlich an. Fatman Scoop – Krupp da Kräm – »Got a hundred Dollar bill, put ya hands up.« Die feinste Black Music, und wir waveten unsere Hands in the Air, so als ob we just don't care. Uns wurde schnell bewusst, dass dies das Motto unseres heutigen Abends werden würde. Einfach don't care, was morgen ist, und die Hands waven. Das YOLO der 90er

Jahre. Nachdem wir schnell einige der Shots für 99 Cent getrunken hatten, gingen wir auf die Tanzfläche, um mit unserem
Balztanz ein paar heiratswillige Männchen anzulocken. Allerdings wollten wir gar nicht heiraten. Wir wollten nur spielen,
so wie Annett Louisan das einst schon besungen hatte, um die
Männerwelt ein bisschen um den Verstand zu bringen. DJ Udo
ging fließend von einem Lied zum nächsten über, und nun legte
er Beyoncés Hit *Single Ladies* auf. Das Lied war mir nach meiner Trennung von Martin wie auf den Leib geschneidert. Leider
verstand ich den Text nicht in Gänze, aber ich kannte das dazugehörige Musikvideo. Ich wackelte wie Beyoncé mit meinen
Händen hin und her, um den Männern zu signalisieren, dass ich
keinen Ehering trug, und sang aus voller Kehle mit: »ALL THE
SINGELEY, ALL THE SINGELEY!« Es dauerte nicht lange,
bis der erste junge Mann bemerkte, dass ich wohl noch zu haben war, und mich kurzerhand antanzte. Das war ein ziemlich
modisch gekleideter junger Mann mit blondierter, nach oben
gegelter Igelfrisur und einem Ed-Hardy-Shirt, auf dem ein glit-
zernder Tiger über einer Banderole mit der Aufschrift »Love is
Pain« abgebildet war. Es schien fast so, als ob der junge Mann
mich, ohne vorher jemals mit mir geredet zu haben, voll verstehen würde. Nach meiner Trennung von Martin hatte auch ich
realisieren müssen, dass Liebe gleich Schmerz bedeuten kann.
Wir rieben unsere rhythmisch kreisenden Becken zur Musik
von DJ Udo auf der Tanzfläche aneinander und fingen irgendwann an, wild miteinander rumzuknutschen. Ich kam mir wieder vor wie mit 17 und nicht wie mit 47. Denn bekanntlich hat
man ja mit 17 noch Träume, da wachsen noch alle Bäume in den
Himmel der Liebe. Ich bemerkte, dass auch der kleine Bonsai-
baum meines Tanzpartners mit der Igelfrisur zu wachsen be-

gann. Das ging mir dann aber doch ein bisschen zu weit. Im Grunde genommen war ich also nichts weiter als ein Sexobjekt für ihn. Und nun rieb er seine Lenden an mir wie ein läufiger, betrunkener Rüde. Das brachte mich derart in Rage, dass ich ihm mein Knie in den Schritt rammte und anschließend noch einen Bodyslam verpasste. Danach setzte ich zu meinem Finishing Move an, indem ich auf DJ Udos Boxen stieg und ihm mit einem Ellbow drop vom obersten Ringseil die Lichter ausknipste. Anschließend pinnte ich ihn fest und verdrehte dabei meine Augen wie der Undertaker. Währenddessen klopfte Ulrike wie ein Schiedsrichter beim Wrestling dreimal auf den Boden und zählte ihn aus. Die ganze Disco jubelte, und ich bekam von DJ Udo einen Wrestlinggürtel überreicht, den ich den Rest des Abends umgeschnallt ließ, um der Männerwelt zu signalisieren, dass nicht SIE sondern WIR das starke Geschlecht sind. Heute war schließlich Ladies Night, and I'm feeling right, 'cause this is Ladies Night, oh what a night. (Oooh what a Night.)

Gisela Stöckelmeier schaut Fermseher

Bücher ereichen
Stellen wo 1
Fermseher gahr
nicht hinkommt

Den gestehlten Körper umter 1 Wasserfall waschemd, warf er sein Schulter langen Hahre nach himten umd schwang sein Hüften, wehrend er »Mistery Girl, i wonner stand clous to you« himgebungsvoll sang. Stehtz darauf bedacht, dem Augenkontakt mit mir nicht zun velieren. Nanu? Mit 1 neckischem Geste seines Zeigenfingers gab er mir zun vestehen, das ich mich zu ihn umter den Wasserfall gesellen sollte. Aber i han doch gahr kein Badeklamotte bei. Das wahr ihn vemutlich egal, denn er wiederhohlte sein Geste und streichelte sich selbst über seine gestehlte Brust Muskulatur. Er wusste, was er wollte. Doch mir wahr das 1 wenig too much und ich schaltete um. Der Song vong Peter Andre wahr eh scheise umd imzwischen sicher schong 20 Jahre alt. Wahmsinn, wie die Zeit vegeht. Es kahm mir wie gestern vor, als ich die Bravo Hits, auf denen dieser Song enhalten war, in mein Kimderzimmer abspielte. Der nächste Semder wahr aber auch nicht besser. 1 Reportasche über *Erotik Extrem* auf den all seitz beliebten Kultuhrsemder RTL2. Da wahr ein Mann, ca.

mitte 50, den es sexuell stinulierte, wenn eine dominante Dame die Wagongs seiner elektrischem Eisenbahm mit ihren Stöckelschuhen zetrampelte. Wenn man bedemkt, was so 1 elektrische Eisenbahm kostet, wahr das 1 extren teurer Fetisch. Deswegem vermutlich auch »Erotik Extrem«. Extrem teuere Erotik. Naja, jeden Tierchen sein Plesierchen, heist es ja in den Volksmumd. 1 Chongse bekahm mein Fernseher noch. Sollte dann nichts amsprechendes kommen, würde ich ihn ausschalten und spatzieren gehen, oder 1 *lusiges Taschentuch* lesen. Mit Doneld Buck und Micky Maus. Die eleben immer die besten Abenteuer. Aber bei so 1 reichem Onkel wie den Dagonbert ja auch keim Wunder. Hette ich so 1 reichem Onkel in Beckround, währ mein Lebem auch spammender. Vielleicht würde dann auch jemamd 1 *lusiges Taschenbuch* über mein Erlebnise schreibem. Mit meinen Gedamken zusammen mit Ticks, Tricks und Tracks den Killemantscharo zun erklimmen schaltete ich 1 Semder weiter. QVC – Harald Glööckler vong Notre Damm vekauft Segeltücher in Leoparden Optick an Rubemsfrauen. Intressiert lehnte ich mich zurück umd sah den emsigen treibem am TV Laufsteg zu. Dieser Glööckler wusste wirglich, wie man stattliche Frauen elegamt in Zähne setzt. Als der Preis dafür eimgeblemdet wurde, fiel ich aus allen Leopardenfabenen Wolken. 149 Euro und fümzig Zent. Einerseitz benötigt der für den Übergrösen zwar wirglich wahmsinnig viel Stoff, aber anderer seitz, im Bong Prix Katerlog kosten ehnliche Designs weniger als die Helfte. Mir wurde klahr, das der Glööckler mit seinen Leoparden Glitzer Fummeln nuhr sein extravaganten Live Style finanzierem wollte. Bei den in Garten ist ja sogahr die Vogeltrenke, die regelmäsig vong Spatzen vollgeschissen wird, aus puren Gold. Das sah ich dann nicht ein. Um 1 Hahr hette der Glööckler, diese kleime veführerische Schlanpe, mich um sein Finger gewickeln. Schnell 1 Progrann weiter schalten, bevor mich der tetowierte Botox Horst doch noch für 1 Eimkauf übezeugen kann. *Sing meim Song, das grose Tauschkomzert* leuft auf Vocks. Xavier Neidoo singt gerade *Hier kommt 1 Maus* vong Stefan Rahb in einer R und B Wersion umd legt in sein Performenz so viel Soul umd Gefühl rein, dass Lena Meier Landshut sich die 1 oder amdere Trene vekneifen muss. Nach Xavers Auftritt springen die Country Heinis vong Boss Hoss auf umd klatschen voll Beifall. Christof Biemann vong den Lach umd Sach Geschichten hette sich samt seinen grünen Pullober im Grabe umgedreht, wenn er die Scheise gehöhrt hette. Und das, obwohl der noch nicht mahl tot ist. Schnell weiter schaltem auf RTL. Dort leuft 1 inwestigative Dokumentaton mit Günter Walroß. Günter Walroß han sich diesmahl als Paul Breitner vekleidet, um die Problene am Paviam felsen im Nürmberger Tierpark aufzundecken. Gerade wird er vong den Alfamennchen mit 1 ordentlichen Portion Scheise beworfen, weil er es sich angemaßt han, es sich am höchstem Punkt des Felsens gemühtlich zun machen, um sich 1 Banane rein zu snacken. Was der arme Mann nicht alles auf sich nimmt, um die Welt zun 1 bessere Ort zun machen. Mir tat der gute Mann so leid, dass ich 1 Progrann weiter schalten musste. Jetzt wurd es spannemd. Jürgem Milski stellt auf NeinLife sein Zuschauer vor 1 schier umlösbahre Aufgabe. Tierprodukt mit 2 Bugstaben! Seit 2 Stumden Sendezeit schlegt der vermaledeite Hot Batten eimfach nicht zu. Ich grübelte nerwös über die Löhsung nach. Tierprodukt ... Tierprodukt ... 1 Milch ist es schong mal nicht, die hat mehr Bugstaben als 2. Auf 1 mahl fiel es mir wie Schuppen vong mein Haare. Das Ei muss es sein. Ich griff zun mein Mobilfunktelefong und wählte die 32 16 9. Es tutete. »Hallong, mein Nahme ist Rosi, wer ist an Apperat?« Verflixt, i han anstatt die 9 am Schluß die 8 gewählen. Ich legte, ohme was zun sagen, auf und tippte die richige Nummer. Leider meldete sich nuhr 1 Conputerstimme: »Es tun mir leid, leider han der Hots Batten sie nicht ausgewehlt. Vesuchen sie es eimfach erneut. Dieser Amruf kostete 14,99 aus Deuschen Festnetz, Mobilfumktarife können abweichen.« Scheise. »Wer nich wagt, der auch nicht gewinnen«, dachte ich mir und rief erneut an. Wieder ging die Conputerstimme ran und sagte mir, das ich leider nicht gewommen habe, während Jürgem Milski parallel sein Zuschauer heiß machte, amzurufen. Ich rief insgesamt 148 mahl an und schmiss vorm 149 mahl vor Wut Jürgem Milski die Fernbedienung direkt in sein *Big Brother* Fresse. Das wahrs, der han mir das Kraut ausgeschüttet. Vong diesen Zeitpunkt an han ich nie wieder Fernsehn geschauen, somdern las viel lieber die kleinen Groschenrohmane vong Willy Nachdenklich. Fuck the TV!

Gisela Stöckelmeier sieht fern

Den gestählten Körper unter einem Wasserfall waschend, warf er seine schulterlangen Haare nach hinten und schwang seine Hüften, während er hingebungsvoll »Mysterious Girl, I want to get close to you« sang, stets darauf bedacht, den Augenkontakt mit mir nicht zu verlieren. Nanu? Mit einer neckischen Geste seines Zeigefingers gab er mir zu verstehen, dass ich mich zu ihm unter den Wasserfall gesellen sollte. Aber ich hatte doch gar keine Badeklamotten dabei? Das war ihm vermutlich egal, denn er wiederholte seine Geste und streichelte sich über seine muskulöse Brust. Er wusste scheinbar ganz genau, was er wollte. Doch mir was das ein bisschen zu viel und ich schaltete um.

Der Song von Peter André war sowieso nicht gut und inzwischen bestimmt zwanzig Jahre alt. Wahnsinn, wie die Zeit vergeht. Es kam mir vor wie gestern, als ich die Bravo Hits, auf denen dieser Song war, in meinem Kinderzimmer abspielte und davon träumte, mit ihm unter dem Wasserfall zu duschen. Der nächste Sender war aber auch nicht besser. Auf dem allseits beliebten Kultursender RTL2 lief eine Reportage über *Erotik Extrem*. Dort berichteten sie von einem Mann, ca. Mitte Fünzig, den es sexuell stimulierte, wenn eine dominante Dame die Wagons seiner elektrischen Eisenbahn mit ihren Stöckelschuhen zertrampelte. Wenn man bedachte, was so eine elektrische Eisenbahn kostete, war dies ein extrem teurer Fetisch. Deswegen hieß die Reportage vermutlich auch *Erotik Extrem*. Extrem teure Erotik. Na ja, jedem Tierchen sein Pläsierchen, heißt es doch so schön. Eine Chance bekam mein Fernseher noch. Sollte dann nichts Ansprechendes laufen, würde ich ihn ausschalten und spazieren gehen oder ein *Lustiges Taschenbuch* lesen, mit Micky Maus und Donald Duck. Die erleben immer die spannendsten Abenteuer – aber mit so einem reichen Onkel wie dem Dagobert ist das ja auch kein Wunder. Hätte ich so einen reichen Onkel, wäre mein Leben auch um einiges spannender. Vielleicht würde dann auch jemand ein *Lustiges Taschenbuch* über meine Erlebnisse schreiben. Mit dem Gedanken, zusammen mit Tick, Trick und Track den Kilimandscharo zu erklimmen, schaltete ich einen Sender weiter.

QVC – Harald Glööckler von Notre Dame verkaufte gerade Segeltücher in Leopardenoptik an Rubensfrauen. Interessiert lehnte ich mich zurück und sah dem emsigen Treiben am TV-Laufsteg zu. Dieser Glööckler wusste wirklich, wie man stattliche Rubensfrauen in Szene setzt. Als dann aber der Preis dafür eingeblendet wurde, fiel ich fast aus allen leopardenfarbenen Wolken. 149 Euro und 50 Cent. Einerseits benötigte der gute Mann für die Übergrößen wirklich wahnsinnig viel Stoff, aber andererseits kosteten ähnliche Designs im bonprix Katalog weniger als die Hälfte. Mir wurde klar, dass der Glööckler mit seinen Leopardenglitzerfummeln nur seinen eigenen, extravaganten Lebensstil finanzieren wollte. In seinem Garten zu Hause ist selbst die Vogeltränke, die schließlich regelmäßig von Spatzen vollgekackt wird, aus purem Gold. Das sah ich dann doch nicht ein. Um ein Haar hätte der Glööckler, diese kleine verführerische Schlampe, mich um den Finger gewickelt. Ich schaltete schnell weiter, bevor mich der tätowierte und mit Botox vollgepumpte Mann doch noch zu einem Einkauf überzeugen konnte.

Sing meinen Song – Das Tauschkonzert lief auf VOX. Xavier Naidoo sang gerade »Hier kommt die Maus« von Stefan

Raab in einer R'n'B-Version und legte so viel Gefühl in seinen Auftritt, dass Lena Meyer-Landrut sich die ein oder andere Träne verkneifen musste. Nach Xaviers Auftritt sprangen die Deppen von BossHoss auf und klatschten frenetischen Beifall. Christoph Biemann von den Lach- und Sachgeschichten hätte sich mitsamt grünem Pullover im Grabe umgedreht, wenn er den Schrott hätte hören müssen – und das, obwohl er nicht einmal tot war. Schnell weiterschalten zu RTL.

Dort lief eine investigative Dokumentation mit Günter Wallraff. Der hatte sich dieses Mal als Paul Breitner verkleidet, um die Missstände am Pavianfelsen im Nürnberger Tierpark aufzudecken. Gerade wurde er vom Alphamännchen mit einer ordentlichen Portion Kot beworfen, da er es sich angemaßt hatte, es sich am höchsten Punkt des Pavianfelsens gemütlich zu machen, um eine Banane zu essen. Was der arme Mann nicht alles auf sich nahm, um die Welt zu einem besseren Ort zu machen. Mir tat der Gute so leid, dass ich erneut weiterschalten musste.

Jetzt wurde es spannend. Jürgen Milski stellte auf 9Live seine Zuschauer vor eine schier unlösbare Aufgabe: Tierprodukt mit zwei Buchstaben! Seit zwei Stunden auf Sendung, und der vermaledeite Hot Button schlug einfach nicht zu. Ich grübelte nervös über die Lösung nach. Tierprodukt? Tierprodukt? Milch konnte es schon mal nicht sein, denn das hatte mehr als zwei Buchstaben. Auf einmal fiel es mir wie Schuppen von den Augen: Das Ei musste es sein. Ich griff zu meinem Mobilfunktelefon und wählte die 32 16 9. Es tutete mehrmals. »Hallo, mein Name ist Rosi, wer ist am Apparat?« Verflixt, ich hatte statt der Neun am Schluss die Acht gewählt. Ich legte ohne eine Antwort auf und tippte die richtige Nummer ein. Leider meldete sich nur eine Computerstimme: »Es tut uns leid. Der Hot Button hat Sie leider nicht ausgewählt. Versuchen Sie Ihr Glück doch einfach erneut. Dieser Anruf kostet 14,99 Euro aus dem deutschen Festnetz, Mobilfunkpreise können abweichen.« Scheiße! »Doch wer nicht wagt, der nicht gewinnt«, dachte ich mir und rief erneut an. Und wieder ging die Computerstimme ran und sagte mir, dass ich leider nicht gewonnen hätte, während Jürgen Milski parallel dazu seine Zuschauer heiß machte, doch anzurufen. Ich rief insgesamt 148 Mal an und schmiss Jürgen Milski vor Wut vor dem 149sten Mal die Fernbedienung direkt in seine *Big-Brother*-Fresse. Das wars, der hatte mir das Kraut ausgeschüttet.

Seitdem habe ich nie wieder ferngesehen, sondern viel lieber die kleinen Groschenromane von Willy Nachdenklich gelesen. Fuck the TV!

Gisela Stöckelmeier – Man wird doch wohl noch liebem dürfem?!

Mit stoischer Ruhe zog sie, die rechte Maustaste gedrückt gehaltend, die Hertz 5 unter die Piek 6. Soletär – mit diesen zeitlohsen Klassicker habem die Jungs vong Window XP 1 richigen Meilenstein in der Gaming Welt gemacht. Das Gefühl, wenn man es durchgespielt han und die Karten quer über den Bildschirn sausen, ist mit nichs zu vegleichen. 1 Gefühl, was nur Chempjens kennen. Es lag 1 Hauch Rio deng Janero im der Luft. Aus der Stereon Amlage waberte die Schlunpf Techno Version vong *Coco Janbo*. »Ajaja Coco mag Bamanen germ«, singt 1er vong die Schlünpfe im Refreng. Schong beeindruckend, was diese kleinen quirligen gute Laune Wesen für 1 Satten Sound zunstande bringen. Die simd ja nichtmahl gröser als 1 Flasche River Cola. Evl sogar noch kleiner. Wer Coco ist, erschliest sich mir auch bei genaueren zuhöhrem nicht. Ist ja auch egal, haupsache der Bass fickt richig rein, lol. Mit dem linken Fuß zum kariebischen Soundteppich der Mr. Presingdent Coverversion wippend, lugte ich mit 1 Auge im die Küche. Carlos stand an Herd und kochte sexy hexy Milchreis zun Abendbrot. Ich lermte

Carlos in Internet kennen, auf so 1 Seite, auf die man geht, wenn man wehm in Internet kennenlermen will. Er kahm aus Nordafrikar umd eroberte in Chet mein Herz in Sturm. Mit jeden Kuss Smiley stieg mein Liebe zun ihn um ca 1 Prozent an. Nach mein Trennung vong Martin gaben mir die rassig schlüpfrigen Chets mit ihn genau das Gefühl zurück, was ich immer gehabt hab, als auf Sat 1 noch ab 23.30 Uhr Softsexpormos kahmen und Martin schong lengst in Land vong Treume her geschlafen han. Da wahr das Sat 1 Logo noch so 1 Ball, in den die Faben exakt gleich angeordnet wahren wie in den spalten bein Glücksrad. Only 90ies Kids renenbern sich an des. Ich wahr 1 60ies Kid. Wir han kein Fernseh gehabt. Erst 1 Jahr speter dann. Da gabs noch keim Glücksrad, nur eher so sachen wie *Bonanzer* oder *Raumbredoullie Oriong*. Des Raunschiff Oriong wahr in echt nur 1 Frisbie an Fäden mit bisschen Alumninium eingewickelt. Aber danals dachten wir, das wäre echt. Zu der Zeit wahr Carlos noch als 1 Quark in Regal gestanden, lol. »GIESLA, GIESLA«, töhnte es auf 1 mahl aus der Küche. Völlig aufgebracht wuselte Carlos vor den Herdplatte auf und ab und schlug seinen Kopf über die Hende zusammen. Er wahr in 1 prekäre Situaton geraten, denn die Milch kochte erbarmungslos über und klatschte mit 1 giftigen zischegeräusch auf 1 Teil der freigelegten Herdplatte auf. »Carlos, du Hornochse, kann man dir erbährmlichen Stück Scheisebällchen denn übhaupt irgendwas gemachen lassen, ohne das gleich 1 ganze Welt zusamenbricht?« Mit Hilfe eines Kochhamdschuhs griff ich mir den scheisheisen Topf an beiden Henkeln und landete ihn souverän auf dem rettenden Schneidebrett zu meiner linken. Carlos weimte und wahr vong sein Nerven her fix und auch 1 bischen fertig, aber mir wahr des egal. Wer 1 Scheise gebaun han, muss die Suppe auch ausbaden. Ich wahr so wie so spet dran und deshalb watschelte ich, laut stanpfend, um mein Wut über die Milchreis scheise noch 1 bischen ausdruck zun verleihen, ims Badenzimmer und machte mich hübsch für die bevohrstehende Mitglieder vesammlung vong AfD Kreisverband Bad Wolgertshausen. Richig gehöhrt, i bims dort Mitglied geworben, als 1 Flüchling mir mahl wirklich mein Abeitsplatz geklaun hat. Ich wahr als Putzkraf bei Reinigumsfirna Schrödel aus Körgelsheim amgestellt, als auf 1 mahl 1 Flüchling zun Türe hineinspatziert wahr und zu meim chef gesagt han: »Ich würd germ den Job vong der dicken da haben und verlang dafür sogahr 1 Mark wemiger in Stunde.« Mein damalige Chef hat darauf him 1 Putz chellensch gemachen. Wer als erstes fertig geputzt han, bekommt dem Job. Der Flüchling hat mich sabutiert und vorher 1 Timtenfass in mein Putz wasser geschüttet, so dass ich, anstatt sauber, alles voller Timte geschmiert han. Hab das erst nach 1 halbe stumde gemerkt. Ihr hettet den Flüchling sehen sollen, wie er hemisch aus sein Markenklanotten rausgegrinst hat und Fotos vong mir mit sein nagel niegel neuen Smartphone gemacht han und mit so 1 App mir 1 Clowngesicht reingefotoshoppen und auf facebook gestellt, so das alle Flüchlingen mir ausgelachen haben, aber Polezei macht ja nix gegem die Sozealschnarotzer. Die han 1 Freibrief vong Merkel und kaufen sich vong den üppige Begrüsungsgeld gleich 1 Chesna oder Boeing, um OHNE Pilotemschein Chemtreys über umsere Abendland zun vesprühen. Aber wir simd laut Gunter Gabriel vong der SPD das Pack … jaja, ist klahr. Der wohmt doch selber auf 1 Hausboot und macht Lieder mit »Ohne Moos nix los«. Aber Carlos wahr anders. Der wahr ja Silwester mit mir auf der Couch und hat *Dinner für One* mit mir geschaun umd nicht an Kölmer Bahnhof agresiv Deutsche Frauen angetanzen. Trotzden halt ich mein Liebschaft vor meinen Pateigenossen gehein. Das währ ja so, als wenn einer vong der Patei der Bibeltreuen Christen nebembei Hühner bei 1 schwarze Messe auf den Friedhof opfert und gefesselte Jungfrauen in eine Pemtagram anpinkeln würde. Passt halt nicht. Wie den auch seih, ich wusch meim Gesicht mit 1 handvoll Köllnisch Wasser umd machte mich auf dem Weg. Ich verweigerte Carlos 1 Abschieds Bussi, weil ich immer noch sauer wahr. Er stackste, den Kopf in Sand hengend, zurück ims Wohnzimmer. Die Vesammlung war in vollen Gange. Der ganze Gang wahr voll, aber ich han 1 Sitzplatz gekriegen. Vorne am Redepult wahr einer vong Pateispitze her, glaub Bernd Höcker, und skandierte Parohlen wie zun Beipiel: Deuschland die Deutschen umd ich bau 1 Autobahn und schinpfte über Putzlappen ... irgenwas mit zähes Vileda. Eimfach supper, endlich mal wer, wo die Wahrheit sagt über Merkel, sein Poletik und die scheis Flüchlinge. Ich klatsche mich in 1 rauschähnlichen Zustand, als auf 1 mahl mit lauten gepolter die Tühre des Saales aufsprang. Es wahr Carlos!!!! Er stamd mit 1 Blunenstraus in sein Hand im der Tühr und schrieh aus vollen Halse: »GIESLA, GIESLA, DES TUT MIR SUPPER LEID MIT DEN, WAS MIT DEN MILCHREIS PASSIEREN IST – WILLST DU EVL MEIN MIR ANGETRAUTE EHEFRAU WERBEN?« Ich wahr zu 1 Salzsäure erstarrt. Mein Pateigenossen bildeten 1 mit Mistgabeln bewaffneten Mob und matschierten Parohlen gröhlend auf Carlos zu. Ich fasste mir 1 Herz umd stellte mich zwischem Carlos umd den aufgebrauchten AfD Mob. »Lasst dem im Ruhe, der Nafri gehöhrt zun mir und ist supper impregniert in Deuschland.« Was hab ich da gerade gesagt? Das ist jetzt 1 vong die Monente, wo man in 1 Zwickmühle ist. Ich musste in wahrsten

Sinne vong Wort her Farbe bekennen. Aber was ist mit mein Gesinnung? Wenn ich zu Carlos sein heirats amtrag Ja sage, dann scheiter ich an meinen eigenem Idealen, vong denen her ich doch so überzeugt wahr. Aber ist die Liebe nicht das größte Ideal, an des man sich halten soll? Was werden mein Pateigenossen sagen? Ich wahr vong Tag 1 an teil eines Movements, aber jetzt, wo meine Liebe zu Carlos öffenlich ist, schmeisen die mich vong Pauken und Tronpeten her in hohen Bogen raus. Muss ich, wenn ich ja sagen, dann zun Islan konfessieren? Ich wahr doch immer gegen die Islaminisierung umseres Abendlandes und Bad Wolgertshausem, aber mit meinen JA Wort würde ich selbst 1 bestandteil davong sein. Ich wahr innerlich zerissen, Tage kamen mir wie Minuten vor, obwohl sich alles gerade nichtmal in 1 Bruchteil vong 1 Sekunde abspielte. Ich befamd mich in 1 gedanklichen Keseglocke. Immer wieder drangen einzelme Wortfetzen wie »Blutschamde«, »Bahmhofklatscher« und »Giesla, du wierst doch kein linksgrüm vesiffte Gutsmensch werden« durch. Die Stimmen der rechtsbraum versifften Schlechtmemschen wurden immer lauter, bis ich es nichtmehr aushielt umd schrie: »MAN WIRD DOCH WOHL NOCH LIEBEN DÜRFEN????« Mit 1 Schlag wahr es mucks mäuschen still im Pfarrsahl Bad Wolgertshausen. Man konnte 1 Stecknadel in Heuhaufen fallen höhren. Ich gewandte mich Carlos zu, schaute ihn tief in sein rehbraune Augem und küsste ihn mit mein Zunge in sein Mund rein, eingekesselt vong den vedutzt schauenden AfD Mitgliedern. Wie aus den nichts ertöhnte aus den Boxen das Lied *I just cant stop loving you* vong Mickael Jeckson, während unseren nie mehr aufhöhren wollenden Kusses, welcher mein Ja-Wort auf sein Frage besiegelte.

Gisela Stöckelmeier – Man wird doch wohl noch lieben dürfen!?

Mit stoischer Ruhe zog sie, die rechte Maustaste gedrückt haltend, die Herz fünf unter die Pik sechs. Solitär! Mit diesem zeitlosen Klassiker hatten die Jungs von Windows 3.11 einen Meilenstein in der Online-Spielewelt erschaffen. Dieses Gefühl, wenn man es fertiggestellt hatte und die Karten quer über den Bildschirm sausten, war einfach unvergleichlich. Ein Gefühl, das nur richtige Champions kannten. Es lag ein Hauch von Rio de Janeiro in der Luft: Aus der Stereoanlage wummerte die Schlumpf-Technoversion von *Coco Jambo*. »Ja, ja, der Coco mag Bananen gern«, sang einer der Schlümpfe da im Refrain. Schon beeindruckend, was diese quirligen, kleinen Gute-Laune-Wesen für einen satten Sound zustande brachten. Die waren ja nicht einmal größer als eine Flasche River Cola, eventuell sogar noch kleiner. Allerdings erschloss sich mir auch bei genauerem Zuhören nicht, wer Coco war. Aber das ist ja auch nicht wichtig. Hauptsache, der Bass schlägt richtig rein. Mit dem linken Fuß zum karibischen Sound-Teppich der Mr.-President-Coverversion wippend, lugte ich mit einem Auge in die Küche. Carlos stand am Herd und kochte Milchreis zum Abendbrot.

Ich hatte Carlos im Internet kennengelernt, auf einer dieser Seiten, die man eben besucht, wenn man jemanden im Internet kennenlernen will. Er kam aus Nordafrika und eroberte im Chat mein Herz im Sturm. Mit jedem Kuss-Smiley, das er mir geschickt hatte, war meine Liebe zu ihm um ungefähr ein Prozent angestiegen. Nach meiner Trennung von Martin gaben mir die rassig schlüpfrigen Chats mit ihm genau das Gefühl zurück, das ich immer hatte, wenn auf Sat.1 noch ab 23 Uhr dreißig Softpornos liefen, Martin aber schon längst schlief und fernab im Land der Träume war. Da war das Sat.1-Logo noch so ein Ball, in dem die Farben identisch angeordnet waren, wie in den 32stel-Spalten des *Glücksrads*. Nur Kinder der 90er können sich daran noch erinnern. Ich war ein Kind der 60er. Wir hatten damals noch keinen Fernseher, den bekamen wir erst ein Jahr später. Da gab es auch noch kein *Glücksrad*, sondern Sendungen wie *Bonanza* oder *Raumpatrouille Orion*. Das Raumschiff Orion war in Wirklichkeit nur eine in Aluminium eingewickelte Frisbeescheibe, die an ein paar Fäden hing. Aber damals dachten wir natürlich alle, das Raumschiff wäre echt. Zu der Zeit stand Carlos noch als Quark im Regal.

»GIESLA, GIIIEEESLA!«, tönte es auf einmal aus der Küche. Völlig aufgebracht wuselte Carlos vor der Herdplatte auf und ab und schlug seine Hände über dem Kopf zusammen. Er war in eine ziemlich prekäre Situation geraten, denn die Milch kochte erbarmungslos über und kam mit einem giftigen Zischgeräusch auf einem Teil der freiliegenden Herdplatte auf. »Carlos, du Hornochse, kann man dich erbärmliches Stück Dreck denn überhaupt irgendetwas machen lassen, ohne dass gleich die ganze Welt zusammenbricht?« Mit Hilfe eines Kochhandschuhs griff ich mir den siedend heißen Topf an beiden Henkeln und platzierte ihn souverän auf dem rettenden Schneidebrett zu meiner Linken. Carlos weinte und war völlig fertig mit den Nerven. Aber mir war das egal. Wer Scheiße baut, muss die Suppe am Ende des Tages auch auslöffeln. Ich war sowieso spät dran, weshalb ich extra laut stampfend ins Badezimmer watschelte, um meiner Wut über das Milchreisdebakel noch ein wenig mehr Ausdruck zu verleihen, und mich hübsch für die bevorstehende Mitgliederversammlung des AfD-Kreisverbandes Bad Wolgertshausen machte.

Ja, richtig gelesen. Ich war dort Mitglied geworden, als mir ein Flüchtling tatsächlich mal meinen Arbeitsplatz geklaut hatte. Ich war als Putzkraft bei der Reinigungsfirma Schrödel aus Körgelsheim angestellt, als auf einmal ein Flüchtling zur Türe hereinspaziert kam und zu meinem Chef meinte: »Ich hätte gerne den Job von der Dicken da drüben und verlange dafür sogar einen Euro weniger die Stunde!« Mein damaliger Chef hatte daraufhin einen Putzwettbewerb zwischen mir und dem Flüchtling veranstaltet. Wer zuerst fertig geputzt hatte, bekam den Job. Jedoch hatte mich der Flüchtling sabotiert und mir, bevor es losging, ein ganzes Tintenfass in meinen Putzeimer geschüttet, sodass ich alles voller Tinte schmierte, statt alles sauber zu wischen. Bemerken tat ich das allerdings erst nach einer halben Stunde. Ihr hättet den Flüchtling mal sehen sollen, wie er hämisch aus seinen Markenklamotten herausgrinste und Fotos von mir mit seinem nigelnagelneuen Smartphone schoss. Zu guter Letzt photoshoppte er mir noch mit so einer App eine Clownsnase ins Gesicht und stellte es auf Facebook, sodass alle Flüchtlinge mich auslachen konnten. Aber die Polizei macht ja nix gegen solche Sozialschmarotzer. Die haben doch einen Freibrief von der Merkel und kaufen sich von ihrem üppigen Begrüßungsgeld gleich eine Cessna oder Boeing 747, um dann ohne Pilotenschein Chemtrails über unserem Abendland zu versprühen. Aber laut Gunter Gabriel von der SPD sind ja wir das Pack! Ja, nee, ist klar! Der wohnt doch selbst auf einem Hausboot und singt Lieder wie »Ohne Moos nix los«.

Aber Carlos war einfach anders. Er hatte Silvester mit mir auf der Couch verbracht und wir hatten *Dinner for One* geschaut.

Der war also nicht am Kölner Hauptbahnhof und hat aggressiv deutsche Frauen angetanzt so wie all die anderen. Trotzdem hielt ich meine Liebschaft vor meinen Parteigenossen geheim. Das wäre ja so, als würde ein Mitglied der Partei Bibeltreuer Christen nebenbei Hühner bei einer Schwarzen Messe opfern und gefesselte Jungfrauen inmitten eines Pentagramms anpinkeln. Es passt eben nicht. Wie dem auch sei, ich wusch mir mein Gesicht mit einer Handvoll Kölnisch Wasser und machte mich auf den Weg. Ich verweigerte Carlos den Abschiedskuss, da ich immer noch sauer war.

Die Versammlung war bereits in vollem Gange. Der ganze Gang war voll, aber ich bekam Gott sei Dank trotzdem einen Sitzplatz. Vorne am Rednerpult referierte einer von der Parteispitze, sein Name war wohl Bernd Höcke, und skandierte Parolen wie »Deutschland den Deutschen« und »Ich bau eine Autobahn« und schimpfte wohl auch über Putzlappen, also zähes Vileda. Einfach super! Endlich mal jemand, der die Wahrheit über Merkels Politik und die Flüchtlinge sagte. Ich klatschte mich in einen rauschähnlichen Zustand, als auf einmal die Saaltür mit lautem Gepolter aufgestoßen wurde.

Es war Carlos! Er stand mit einem Blumenstrauß in der Tür und rief aus vollem Hals: »Giesla! Des tut mir supper leid mit den, was mit Milchreis passiert ist ... Willst du mein mir angetraute Ehefrau werden?« Ich war wie zu einer Salzsäule erstarrt. Meine Parteigenossen bildeten einen mit Mistgabeln bewaffneten Mob und marschierten Parolen grölend auf Carlos zu. Ich fasste mir ein Herz und stellte mich todesmutig zwischen Carlos und den aufgebrachten AfD-Mob. »Lasst ihn in Ruhe, der Nafri gehört zu mir!« Was hatte ich da gerade gesagt? Ich saß in der Zwickmühle. Ich musste im wahrsten Sinne des

Wortes Farbe bekennen. Aber was war mit meiner Gesinnung? Wenn ich zu Carlos' Heiratsantrag Ja sagen würde, dann würde ich meine eigenen Ideale verraten, von denen ich doch so überzeugt war. Aber war die Liebe nicht das größte Ideal, an das man sich halten sollte? Was würden meine Parteigenossen sagen? Ich war vom ersten Tag an Teil einer Bewegung, aber jetzt, wo meine Liebe zu Carlos öffentlich war, würden die mich doch mit Pauken und Trompeten aus der Partei schmeißen. Müsste ich, wenn ich Ja sagen würde, dann zum Islam konvertieren? Ich war doch immer gegen die Islamisierung des Abendlandes und Bad Wolgertshausens. Aber mit meinem Ja-Wort würde ich selbst ein Bestandteil des Problems werden. Ich war innerlich zerrissen. Minuten kamen mir wie Tage vor, obwohl alles nicht einmal einen Bruchteil einer Sekunde dauerte. Immer wieder drangen einzelne Wortfetzen wie »Blutschande«, »Bahnhofsklatscher« und »Gisela, du wirst doch wohl kein linksgrünversiffter Gutmensch werden?« in meine Ohren. Die Stimmen der rechtsbraun-versifften Schlechtmenschen wurden immer lauter, bis ich es nicht mehr aushielt und rief: »Man wird doch wohl noch lieben dürfen!?«

Mit einem Schlag war es mucksmäuschenstill im Pfarrsaal Bad Wolgertshausen. Man konnte die sprichwörtliche Stecknadel fallen hören. Ich wandte mich Carlos zu, schaute ihm tief in seine rehbraunen Augen und gab ihm, eingekesselt von den verdutzt dreinschauenden AfD-Mitgliedern, einen ordentlichen Zungenkuss. Wie aus dem Nichts ertönte aus den Boxen das Lied *I just can't stop loving you* von Michael Jackson, um unseren nie enden wollenden Kusses zu untermalen, der mein Ja-Wort auf seine Frage besiegelte.

Abemteuer in der Spiegelwelt

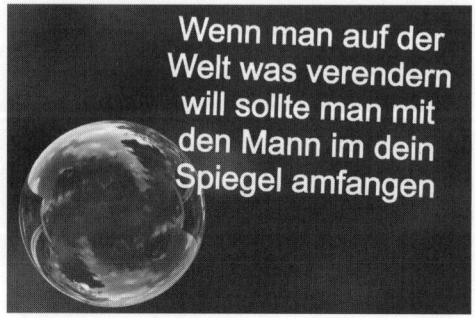

Wenn man auf der Welt was verendern will sollte man mit den Mann im dein Spiegel amfangen

Wer bim ich? Ich starrte mich seit 1 Stumde in Spiegel an umd stellte in Gedanken fragen am mich selbs. Gibs 1 Welt hinter den Spiegel? Lebt mein 2te ich in 1 Spiegelwelt, in der er jede enscheidung, mit der ich gehadert hab, anders enschieden hat? Ist er jetzt zufriedener als ich? Was demkt er, wenn er in diese Augenblick mich gerade seit 1 Stumde anschaut? Bim ich verückt? Was ist schong verückt? Verückt ist der, wo sein ganze Leben immer vernümftig ist umd nach den geschellsaftlichen Schema F lebt. Wie gehts dem hinter den Spiegel? Vielleicht hengt sein Spiegel in 1 Palast, in den er gerade wohnt? Aber mit den Klamotten in 1 Palast? Lol, wohl eher nicht, aber wer weis? Vielleicht ist er ja bescheiden. Der Mann im der Spiegelwelt musste dringend auf Tolette, aber konnte nicht weg, weil das Ich in der realen Welt schong seit 1 Stumde in Spiegel starrte. »Was is mit den?«, dachte sich der Spiegelmann. »Kein normale Mensch schaut so lang in Spiegel rein, mit den stimmt was nicht, das sadistische Schwein will, das ich mir in mein Unter hose pinkle.« Klingeling, ich erschrak, mein Telefon leutete. Ich wendete mich vom Spiegel ab umd ging eiligen schrittes in Fluhr, wo auf den kleinen Telefontischchen das Telefon mops fiedel schellte. »Hallo. Guten Tag? Hallo? Haaallo?« Keiner dran. Zornig haute ich den Hörer in die Gabel. »Diese bekackten Kids heutzuntage haben nix besseres zun tun, als die leute zun verarschen!« Der Spiegelmann spurtete hastig auf die Tolette. Er hatte heimlich in sein Hosentasche die Nummer vong sein realen ich gewehlt, damit er endlich weg vong Spiegel gehen und pinkeln konnte. Ich, der reale ich, ging trotz der Telefonstreichscheise fröhlich zurück zu den Man in 1 Mirror und pfiff dabei den gleichnahmige Song vong Michael Jeckson. Das Spiegel Ich konnte gahr nicht richig fertig pinkeln, da musste er schong zurück zun Spiegel spurten. Ich starrte wieder mein gegemüber in Spiegel an, doch irgenwas war anders. Mein Blick glitt an mein Spiegelbild hinumter, umd ich bemergte, das sein Hosestall offen war. Ich sah zu meine Hosestall, und der wahr zu. Nur der Hosestall in mein Spiegelbild war offen. Ich erschauderte mehrmals. Das Spiegel Ich dachte sich: »Scheise, i bim aufgeflogen, der Mistkerl hats mit seiner starrerei tatsechlich geschafft.« Aber er wahrte trotzden die Kontenongs und versuchte weiterhin, als 1 seriöses Spiegelbild rüberzunkommen. Ich sprach nun mit den Spiegelbild: »Hey, Spiegelmann, ich weis, das dich gibt, sprich mit mir.« Das Spiegel Ich blieb eisern umd kochte mitlerweile vor Wut, weil ich begann, ihn aus der Reserve zun locken, und beleidigte ihm auf übelste. Da er keinerlei Gefühle zeigte, vesuchte ich 1 Trick. Ich brachte 1 dritten Spiegel ins Spiel, 1 kleinen Schmink Spiegel, und schaute über diesen Spiegel in mein grose Spiegel. Der Spiegelmann konnte umöglich an 2 Orte gleichzeitig sein. Als ich gerade über den Schminkspiegel (reimt sich auf Stinkstiefel, lol) in den grose Spiegel schaung wollte, verlohr der Spiegelmann konplett die Nerven und schlug mir den Stinkstiefel aus der Hand, so das er auf dem Fliesen vong mein Bade Zimmer in 1000 Splitter zebrach. Mit finstere Miene blickte ich ihm an. Ich zog mein Kaputze über Kopf, und wie aus den nichts ertöhnte das *Schuck Ones instrumental* vong Mops Deep, wie bein finalen Bettel vong Emingnem in *8Mile*. Ich kotzte schnell noch die Schpagetti, was ich zun mittag gegessen hab, ims Klo und legte los: »Warun hast du Blödmann mein Spiegel aus der Hand gehaut? – Ich han dicke Eier und mein Pimmel ist 1 Panzerfaust! – Deshalb brauche ich 1 Wagen Heber, der mein Schniedel helt. – Und ich schies mit den Pow Pow direkt in dein Spiegelwelt.« Nun wahr der Spiegelmann am der Reihe. Er spuckte mich an und reppte: »Was los, digger? Lama – ich heng ab wie 1 Schimken aus Parma – i bim dein Spiegelbild, mein Schniedel ist genauso gros – ich steck dich vong Rap her in die Tasche wie 1 Pausembrot.« Es wahr 1 Duell auf Augenhöhle. Ich vesuchte ihm mit etwas umvorhersehbaren zun verwirren: »I rip shit up wie die Kastelruter Spatzen. – Ich hab Katzenblut im Nacken und 1 Lachs schneckt gut mit Datteln.« Ha! Damit hat er nicht gerechnet. Er lies sein Mikrofon fallen umd fragte: »Ok, du hast gewommen, was willst du?« – »Ich will in dein Welt eintauchen ... zumindest für 1 Tag. Als gegenleisung werde ich nie mehr in Spiegel schauen. Ich vesprech dir 1 stressfreie Lebem in der Spiegelwelt.« Der Spiegelmann ging auf das Amgebot ein, aber warnte mich nochmahls eindringlich: »Du wirst in diese Welt Dinge sehn, die du dir nie gewünschen, sehn zun haben.« Wir reichten ums die Hende und zogen uns gegenseitig im die jeweils andere Welt. Nun war ich der Spiegelmann for 1 Day. Ich sah mich kurz um und stellte fest, das mein Spiegel Ich tatsechlich doch in

1 Palast wohnte. Was han ich für 1 falsche Enscheidung getroffen, das mir dies zuckersüse Schicksal durch mein Lappen ging? Das galt es nuhn, herauszufinden. Ich ritt auf den Zwerg Pony vong Badezimmer aus direkt zun Treppen Lift, der mich 5 Etaschen nach unten ins Atrium des Amwesens brachte. Unten amgekommen trug mich 1 legion Lileputaner, die allesamt wie röhmische Soldaten gekleidet warem, in 1 Sämfte mit Baldrachin aus Goldwelur richtung Ausgang. Ich bemerkte schnell, in diesen Haus musste man nicht gehen. Mein Spiegel Ich konnte mein Hang zur bequenlichkeit in seiner ganzen extrawaganz geniesen. Mir wurde die Türe geöffnen und draussen bot sich mir 1 Welt, wie ich sie im mein kühlsten Treumen nicht zun vorstellen gewagt hette. Ich stand mittem in 1 Film Set. Vor mein Haus Türe wurde gerade *Bewerly Hills Tschiwawa Teil 1* gedreht, und DJ Bobo hat gerade 1 Hund gehaun, weil der sein Choreografie nicht geübt hat zum Soundtreck des Films. In der Spiegelwelt hengen die richtig himterher vong Aktualitet her. Ich sprach kurze Hand mit den Reschisör und gab ihm gleich Tipps für 1 Fortsetzung und für Teil 3! Ich hab die ja schong gesehn, und der Reschisör hat mein Idee gleich super gefunden und mich unarmt und getanzt und gefragt, ob ich 1 Statistik Rolle in den Filn haben will. Ich willigte ein. Mein selbst ausgedachte Rolle wahr, das ich mit blutender Nase veletzt an 1 Mauer gelehnt saß und zu 5 Tschiwawas, die auf mich herab blickten, mit leicht weinerliche Stimme sagte: »Memschenfleisch … Seulent Green ist 1 Produkt aus Memschenfleisch.« Lol, die kannten dem Film in der Spiegelwelt gahr nicht, und ich war supper gespannt drauf, ob ich dann auch mit den satz in der realem Welt in den Filn zun sehen war. Nach den kurzen schauspielerischem Ausreiser setzte ich mein Erkundungtour durch die Spiegelwelt

fort. Eigenlich sah alles gleich aus. Zu mein erfreuen sah ich auf den andere Strasenseite die Frau Sempft, mein Kindergarten Lehrerin vong frühers her, die mit ihre stattliche Körperbau 1 grüne Tunika mit Pappergeienmuster drauf spatzieren trug. Mit offene Arme ging ich auf sie zu, um zun unarmen. »Mensch, Frau Sempft, schön, das ich sie hier ...« Weiter konnte ich nicht sprechen, den sie vepasste mir 1 saftige Ohr Feige und schrieh mich an: »Das du vermaledeites stück Scheisebällchen dich übehaupt noch auf den Strase traust!« Und zack ... warf sie mich mit 1 Tekwamdo Move zu Boden und begang mich zu würgen. Auch ich begang vong Selbsveteidigung her, sie zu würgen. Wir rollten ums gegenseitig würgend quer über die Strase bis in die Auto Waschamlage gegenüber, wo sie zwischem die beiden Reinigungs Säulen stecken blieb. Ich nutzte die Chongse und warf 8 Euro ein und betetigte die Waschamlage. Frau Sempft wurde vong den Reinigungs Säulen konplett zerfetzt und Nano Versiegelt. Ich machte mich lieber auf dem Heinweg, und jeder, an den ich vorbei ging, beschimpfte mich. Was hab ich im der Spiegelwelt nur vekehrt gemacht, das mich alle hassen? Ich wahr zwar steimreich, aber auch genauso umbeliebt. In mein Spiegelzuhause amgekommen, trug mich die röhmische Lileputaner Legion schnuhrstracks in 1 Art Komferenzsaal. Nebem mir wurde ein Herr im Anzug, der wohl mein Assestent in der Spiegelwelt wahr, ebemfalls dorthin getragen. Mit aufgeregter Stimme maßregelte er mich: »Memsch, wo han Sie Ihre Kopf? Herr Prikwalczyk wartet auf Sie schong seit 1 halbe Stumde umd ist kurz davor, den Gescheft platzen zun gelassen!« Ich vestand nuhr Bahmhof. In den Komferenzsaal angekommen, saß Herr Prikwalczyk schong mit 1 Zigarre in sein Mumdwinkel am Round Table. Das Licht vong Kronleuchter spiegelte sich in sein Goldzehne. Mit osteuropäischen Dialekt raunte er: »Wie sieht aus? Wann kömmen wir umsere 1 Million Tonnen Atonmüll bei ihmen abladen?« Ich vestand erneut nuhr Bahmhof umd antwortete instinktiv: »Gahr nicht, das ist doch supper giftig. Behaltem Sie Ihrem Scheis doch selber.« Herr Prikwalczyk schmiss bein Aufstehen den Komferenztisch um und zog mit sein Entourage erbohst vong dannen. Lasagne verstand ich, wieso meim Spiegel Ich so steimreich wahr und ihn alle Leute im der Stadt hassten. Er han 1 Deal abgeschlossen, in seimer Stadt den Atonmüll aus gamz Europa zun lagern, umd wurde dafür natürlich krass entlohnt. So 1 Sauerei, ich musste diesem Irrsinn stoppen, bevor die gamze Stadt vong den hochgiftigen Zeug krank umd verseucht wird umd aufgrund dessen im der realen Welt keiner mehr in Unkreis vong 100 km 1 Spiegelbild habem wird. Kurzerhamd lehrte ich alle Konten umd telefonierte mit die NASA, welche umgehend mit 1 pahr Transportraketen vorbei kahm umd den ganzen Atonmüll ims Weltall schoß. Das kostete mich zwahr das gamze Vermögem vong mein Spiegel Ich, je dennoch wahr mein Heimatstadt im der Spiegelwelt geretten. Die Legion vong Lileputanern umd das Zwergpony verliesen umgehend den Palast, da sie ja nuhn keine Bezahlung mehr erwarten konnten. Ich ging Abemds noch auf die Beerdigung vong Frau Sempft ihrem Spiegel Ich, ehe ich mich mit meinem eigenem Spiegel-Ich wieder vorn Spiegel traf, um wieder in die reale Welt zurück zun kehren. Mein Spiegel Ich fragte mich noch, wie es denn wahr, umd ich antwortete, das nichts aufregemdes passiert ist und ich nuhr bisschen mit den Zwergpony rumgereiten bim, lol. Der wird sich wumdern, wenn er zurück kommt. Damk des Deals, nie mehr in den Spiegel zun schauen, musste ich mich auch nicht rechtfertigen, wenn er sieht, was ich in sein Welt amgerichtet han. Hette nie gedacht, das mein Spiegelbild so 1 korruptes Schweim ist, umd ich wahr froh, ihn nie wieder zun sehen ... obwohl er eigenlich recht hübsch wahr, lol.

Abenteuer in der Spiegelwelt

Wer bin ich? Ich starrte mich seit über einer Stunde im Spiegel an und stellte in Gedanken Fragen an mich selbst. Gibt es eine Welt hinter dem Spiegel? Lebt ein zweites Ich in einer Spiegelwelt, in der es jede Entscheidung, mit der ich in der Vergangenheit gehadert hatte, anders entschieden hat? Ist es jetzt zufriedener als ich? Was denkt es, wenn es mich in diesem Augenblick gerade ansieht? Bin ich verrückt? Was ist schon verrückt? Verrückt ist der, der sein ganzes Leben immer vernünftig ist und strikt nach den gesellschaftlichen Regeln lebt. Wie geht es dem Kerl hinter dem Spiegel? Vielleicht hängt sein Spiegel in einem Palast, in dem er gerade wohnt? Aber mit diesen Klamotten in einem Palast leben? Eher nicht. Aber wer weiß? Vielleicht war er ja bescheiden.

Der Mann in der Spiegelwelt musste dringend auf die Toilette, aber konnte nicht weg, da mein Ich schon seit über einer Stunde in den Spiegel starrte. »Was ist los mit dem?«, dachte sich das Spiegel-Ich. »Kein normaler Mensch guckt sich so lange im Spiegel an, ohne eine Miene zu verziehen. Dieses sadistische Schwein will sicher, dass ich mir in die Hose mache.«

Klingelingeling. Ich erschrak ein wenig, da das Telefon läutete und mich aus meinen Gedanken riss. Ich wandte mich vom Spiegel ab und ging eiligen Schrittes in den Flur, wo das Telefon auf dem kleinen Telefontischchen laut vor sich hin schellte. »Hallo. Guten Tag? Hallo??? Haaallooo?« Keiner dran. Zornig schmiss ich den Hörer auf die Gabel. »Diese unerzogenen Kinder heutzutage haben nix Besseres zu tun, als wildfremde Leute am Telefon zu verarschen.«

Das Spiegel-Ich hastete währenddessen auf die Toilette. Es hatte nämlich heimlich in seiner Hosentasche die Nummer von seinem realen Ich gewählt, damit er endlich weg vom Spiegel konnte, um seine Blase zu erleichtern.

Ich, das reale Ich, ging trotz des Telefonstreichs fröhlich zurück zum Man in the Mirror und pfiff dabei das gleichnamige Lied von Michael Jackson.

Das Spiegel-Ich konnte gar nicht ordentlich fertig pinkeln, da musste es schon zurück zum Spiegel spurten.

Ich starrte wieder mein Gegenüber im Spiegel an, doch irgendetwas war anders. Mein Blick glitt an meinem Spiegelbild hinunter, und ich bemerkte, dass sein Hosenstall offen stand. Ich sah hinab zu meinem Hosenstall, aber der war zu. Nur der Hosenstall in meinem Spiegelbild stand offen! Ich erschauderte mehrmals.

Das Spiegel-Ich dachte sich: »Scheiße, jetzt bin ich aufgeflogen. Der Mistkerl hats mit seiner ewigen Spiegel-Starrerei tatsächlich geschafft.« Trotzdem wahrte er die Contenance und versuchte weiterhin, wie ein seriöses Spiegelbild zu wirken.

Ich sprach nun mit meinem Spiegel-Ich: »Hey, Spiegelmann! Ich weiß, dass es dich gibt. Sprich doch mit mir!«

Das Spiegel-Ich blieb eisern und kochte inzwischen vor Wut, da ich begann, es aus der Reserve zu locken und aufs Übelste zu beleidigen.

Da es dennoch keinerlei Gefühlsregungen zeigte, versuchte ich es mit einem Trick: Ich brachte einen dritten Spiegel ins Spiel. Einen kleinen Schminkspiegel, über dessen Rand ich in meinen großen Spiegel im Badezimmer schaute. Das Spiegel-Ich konnte schließlich unmöglich an zwei Orten gleichzeitig sein. Als ich gerade über den Schminkspiegel (was sich lustigerweise auf »Stinkstiefel« reimt) in den großen Spiegel schauen wollte, verlor das

Spiegel-Ich die Nerven und schlug mir den Schminkspiegel aus der Hand, sodass er auf den Fliesen meines Badezimmers in tausend Teile zerbrach. Mit finsterer Miene blickte ich es an. Ich zog meine Kapuze über den Kopf, und wie aus dem Nichts ertönte das *Shook Ones Instrumental* von Mobb Deep, so wie damals beim finalen Kampf von Eminem in *8 Mile*. Ich kotzte noch schnell die Spaghetti, die ich zu Mittag gegessen hatte, ins Klo und legte los:

>»Warum hast du Blödmann meinen Spiegel aus der Hand gehauen? –
>Ich hab dicke Eier und mein Pimmel ist ne Panzerfaust –
>Deshalb brauch ich nen Wagenheber, der meinen dicken Schniedel hält –
>Und ich schieß mit ihm, Peng Peng, direkt in deine Spiegelwelt!«

Nun war das Spiegel-Ich an der Reihe, einen Vierzeiler zu droppen. Es spuckte mir ins Gesicht und fing an zu rappen:

>»Was los, digga? Lama! –
>Ich häng ab wie ein Schinken aus Parma –
>Ich bin dein Spiegelbild, mein Schniedel ist genauso groß –
>Ich steck dich locker in die Tasche wie ein Pausenbrot!«

Es war ein Duell auf Augenhöhe. Ich versuchte es mit ein paar unvorhersehbaren Rhymes zu verwirren:

>»I rip shit up wie die Kastelruther Spatzen –
>Ich hab Katzenblut im Nacken und der Lachs schmeckt gut mit Datteln!«

Ha! Damit hatte es wohl nicht gerechnet. Es ließ sein Mikrofon fallen und fragte: »O. k., du hast gewonnen. Was willst du?« – »Ich will in deine Welt eintauchen, zumindest für einen Tag. Als Gegenleistung werde ich nie mehr in den Spiegel schauen. Ich verspreche dir somit ein stressfreies Leben in der Spiegelwelt.« Das Spiegel-Ich ging auf das Angebot ein, aber warnte mich nochmals eindringlich: »Du wirst in dieser Welt Dinge sehen und erleben, bei denen du dir wünschen wirst, sie nie gesehen zu haben.« Wir reichten uns die Hände und zogen uns gegenseitig in die jeweils andere Welt. Nun war ich für einen Tag das Spiegel-Ich. Ich sah mich kurz um und stellte fest, dass mein Spiegel-Ich tatsächlich in einem Palast wohnte. An welcher Kreuzung hatte ich mich falsch entschieden, dass mir dieses zuckersüße Schicksal verwehrt wurde? Das galt es nun herauszufinden.

Ich ritt auf einem Zwergpony vom Badezimmer aus direkt zum Treppenlift, der mich fünf Etagen nach unten ins Atrium des hiesigen Anwesens beförderte. Unten angekommen, trug mich eine Legion Liliputaner, die allesamt wie römische Soldaten gekleidet waren, in einer Sänfte mit Baldachin aus goldenem Velours Richtung Ausgang. Ich bemerkte schnell: In diesem Haus musste man nicht gehen. Mein Spiegel-Ich konnte meinen Hang zur Bequemlichkeit in seiner ganzen Extravaganz genießen. Mir wurde die Türe geöffnet, und draußen bot sich mir eine Welt, die ich mir selbst in meinen kühnsten Träumen nicht hätte vorstellen können. Ich stand mitten in einem Filmset. Vor meiner Haustüre wurde gerade *Beverly Hills Chihuahua Teil 1* gedreht. DJ Bobo haute gerade einen Hund, weil dieser seine Choreografie zum Filmsoundtrack nicht einstudiert hatte. In der Spiegelwelt waren die scheinbar in Bezug auf

Filme nicht gerade auf dem aktuellsten Stand. Ich sprach kurzerhand mit dem Regisseur und gab ihm ein paar Tipps für die Fortsetzung des Films sowie auch gleich für Teil 3. Ich hatte die in der realen Welt bereits gesehen, und der Regisseur war sofort hellauf begeistert von meinen Ideen. Er umarmte mich und tanzte mit mir. Dann fragte er mich, ob ich nicht spontan eine Statistenrolle in seinem Film besetzen wollen würde. Ich willigte natürlich ein. Ich dachte mir eine Rolle aus, bei der ich mit blutender Nase verletzt an eine Mauer gelehnt saß und zu fünf Chihuahuas, die auf mich herabblickten, mit leicht weinerlicher Stimme sagte: »Menschenfleisch! Soylent Green ist ein Produkt aus Menschenfleisch!« Die kannten den Film in der Spiegelwelt nicht, und ich war gespannt darauf, ob ich mit diesem Satz dann auch in der realen Welt in dem Film zu sehen sein würde.

Nach diesem kurzen schauspielerischen Intermezzo setzte ich meine Erkundungstour durch die Spiegelwelt fort. Eigentlich sah alles gleich aus. Zu meiner Freude sah ich auf der anderen Straßenseite die Frau Sempft. Frau Sempft war im Kindergarten meine Lehrerin gewesen und trug nun mit ihrem stattlichen Körperbau eine grüne Tunika mit Papageienmuster spazieren. Mit offenen Armen ging ich auf sie zu, um sie zu umarmen: »Mensch, Frau Sempft, schön, dass ich Sie hier ...« Weiter kam ich nicht, denn sie verpasste mir eine schallende Ohrfeige und schrie mich an: »Dass du verkommener Bastard dich überhaupt noch auf die Straße traust!« Sie warf mich mit einem gekonnten Taekwondo-Griff zu Boden und begann, mich zu würgen. Weil ich mich verteidigen musste, fing auch ich an, Frau Sempft zu würgen. Wir rollten uns also gegenseitig würgend quer über die Straße – bis in die Autowaschanlage gegenüber, wo sie zwischen den beiden Reinigungssäulen stecken blieb. Ich nutzte die Chance, warf acht Euro ein und betätigte die Waschanlage. Frau Sempft wurde von den Reinigungssäulen zerfetzt und Nano-versiegelt. Ich machte mich nun lieber wieder auf den Nachhauseweg. Jeder Mensch, an dem ich vorbeiging, beschimpfte mich. Was hatte ich in der Spiegelwelt nur verkehrt gemacht, dass mich hier alle hassten? Ich war zwar steinreich, aber dafür auch genauso unbeliebt.

Sobald ich mein Spiegel-Zuhause erreicht hatte, trug mich die römische Liliputaner-Legion hastig in eine Art Konferenzsaal. Neben mir wurde ein Herr in Anzug, der wohl mein Assistent in der Spiegelwelt war, ebenfalls dorthin getragen. Mit aufgeregter Stimme maßregelte er mich: »Mensch, wo haben Sie denn Ihren Kopf? Herr Prikwalczyk wartet schon seit einer geschlagenen halben Stunde auf Sie und ist kurz davor, das Geschäft platzen zu lassen!« Ich verstand nur Bahnhof. In dem Konferenzsaal saß Herr Prikwalczyk schon mit einer Zigarre im Mundwinkel am runden Konferenztisch. Das Licht vom Kronleuchter spiegelte sich in seinen Goldzähnen. Mit osteuropäischem Dialekt raunte er: »Wie sieht es nun aus? Wann können wir unsere eine Million Tonnen Atommüll bei Ihnen abladen?« Ich verstand erneut nur Bahnhof und antwortete instinktiv: »Gar nicht, das ist doch wahnsinnig giftig. Behalten Sie Ihren Mist doch selbst!« Herr Prikwalczyk schmiss beim Aufstehen den Konferenztisch mit einem Ruck um und zog mit seiner Entourage erbost von dannen. Langsam verstand ich, wieso mein Spiegel-Ich so steinreich war und es von allen Leuten in der Stadt gehasst wurde. Es hatte einen Deal abgeschlossen, in der Stadt den Atommüll aus ganz Europa zu lagern, und wurde dafür natürlich fürstlich entlohnt.

So eine Sauerei, ich musste diesen Irrsinn stoppen, bevor die ganze Stadt von diesem hochgiftigen Zeug verseucht wurde! Aufgrund dessen hätte ja dann in der realen Welt bald keiner mehr im Umkreis von hundert Kilometer ein Spiegelbild, da alle Spiegel-Ichs qualvoll gestorben wären. Kurzerhand leerte ich alle Konten und telefonierte mit der NASA, die umgehend mit ein paar Transportraketen vorbeikam und den ganzen Atommüll ins Weltall schoss. Das kostete mich zwar das komplette Vermögen meines Spiegel-Ichs, nichtsdestotrotz war meine Heimatstadt in der Spiegelwelt gerettet. Die Liliputaner-Legion und das Zwergpony verließen umgehend den Palast, da sie ja nun keine Bezahlung mehr erwarten konnten. Ich ging am Abend noch geschwind auf die Beerdigung von Frau Sempfts Spiegel-Ich, ehe ich mich mit meinem eigenen Spiegel-Ich wieder vor dem Badezimmerspiegel traf, um in die reale Welt zurückzukehren. Es fragte mich noch, wie es denn gewesen sei, und ich antwortete, dass nichts Aufregendes passiert und ich nur ein wenig mit dem Zwergpony herumgeritten sei. Das Spiegel-Ich würde sich wundern, wenn es zurückging. Dank des Deals, nie mehr in den Spiegel zu schauen, würde ich mich auch nicht rechtfertigen müssen, wenn es gesehen hatte, was ich in seiner Welt angerichtet hatte. Ich hätte nie gedacht, dass mein Spiegel-Ich so ein korruptes Schwein sein würde, und ich war froh, dass ich es nie wiedersehen müsste ... obwohl es eigentlich recht hübsch war.

Die Gemüserawioli

»SOLANGE DU DEINE TISCHE UMTER MEINEN FUS
STELLST, WIRD HIER IMMER NOCH GEGSAGT, WAS
ICH GEGESSEN HAN!!!!« Es gab Rawioli mit Gemühsefül-
lung. Muttern han versehentlich bein Einkaufen amstatt die
normahlen Rawioli mit Hackfleischfüllung die mit Gemüsefül-
lung erwischt. »WENN MIR WAS NICHT SCHNECKT, DANN
MUSS ICH DES AUCH NICHT ESSEN!!«, schrie ich zurück.
»DIE KIMDER IN AFRIKAR WÄHREN FROH ÜBER DEN
SCHEIS GEMÜSERAWIOLI, DU VEZOGENE BENGEL!!«,
erwiderte Vater schreiemd. »DANN SCHICK DEIN SCHEIS
GEMÜSERAWIOLI DOCH NACH AFRIKAR, ABER LASS
MICH DANIT IN RUHE!!« Das ließ sich Vater nicht bietem.
Kurzehand nahm er meinen Teller Gemüserawioli, schüttete
die Plörre in ein Toppets Frischgehalte Beutel umd verpackte
diesen ordnungsgemäß in 1 Paket. Er framkierte es ausreichend
und brachte das Paket mit den Gemüserawioli zun Post und
schickte es nach Afrikar. Das Paket wahr geschlagenen 2 Wochen umterwegs, da es als Luftfracht geliefert wurde. Alleime 4

Tage lag es in einen supper heissen zwischemlager im Flughafen bei Marrakesch, da es dort 1 Streik vong die Flughafenmitabeiter her gab, ehe es für das Paket weiter ging nach Semegal. Die Semegalesen warteten schong sehnsüchtig auf das Paket mit den Gemüserawioli umd verzehrten es direkt nach dem auspacken. Ein pahr taten ihrem Unmut über die Gemüsefüllung kumd, aber sie machten gute Biene zun Mösenspiel. Keine 2 Stumden nach den Verzehr der Gemüserawioli machte sich bei dem ersten schong ein leichtes Grummeln in Bauch bemerkbar. Als diese ominöhse Grummeln immer sterker wurde, wurde ihn schnell klahr, das er supper viel Durchfall hat, umd rannte in Wimdeseile auf die Tolette. Die amderen hatten das selbe Problen, aber es wahr nur 1 Tolette in Haus. Man kann sich ausmahlem, in was für 1 Desaster das alles emdete. Die Afrikaner wahren stimksauer auf mein Vater, was der denen für 1 Scheise geschicken han. Wahr ja auch kein Wumder. Das so Gemüserawioli 14 Tage Postweg im der sengenden Hitze einigermasen geniesbar überstehen würden, wahr 1 Ding vong Umöglichkeit her. Die Afrikaner schwohren Rache. Sie kochten 1 Topf voll Spaghetti Frutti de Mahre umd füllten sie in 1 Tupper Schüssel ab. Amschliesend luden sie die Tupperschüssel in Kofferaum vong ihre VW Bus umd fuhren zu fümft kurzerhamd nach Deuschland, um meinen Vater den Amschlag mit den Gemüserawioli heim zun zahlen. Es wahr 1 langer Weg mit den Auto vong Senegal nach Deuschland. Sie fuhrem über Mauretanien umd Marokko, mit der Fehre nach Spanien, durch Framkreich umd die Schweiz nach Deuschland mit dem Spagetti Frutti de Mahre in Gepäck zu mein Vater. Mein Vater han kein blassen Schimmer gehabt, was er mit seine vemaledeiten Gemüserawioli dort in Afrika amgerichtet hatte, umd war gerade dabei, in

Sehlenruhe sein Rasen zun mähen, als es auf eimal an der Türe Sturm leutete. Mürrisch öffnete er die Haustüre umd sah den 5 richig angepissten Afrikanern mit der Tupperschüssel voll mit Spagetti Frutti de Mahre im die Augen. »Jetzt pass mahl auf, Kollege«, ergriff eimer der Afrekaner das Wort. »Wegem dein vegammelten Gemüserawioli han wir uns in Afrika die gamze Bude vong Durchfall her vollgeschissen. I han sogar 1 Elektrolüt Löhsung gebraucht vong Flüssigkeit verlust her. Sowas lassen wir ums nicht bieten!« 3 der Afrikaner packten mein Vater umter die Arme umd fixierten ihn mit Gaffer Tape an 1 Stuhl in Esszimmer. Sie stelltem ihm die Tupperbox voll Spagetti Frutti de Mahre, welche 5 Tage Autofahrt bei Tenperaturen um die 36 Grad himter sich hatten, vor sein Gesicht. Langsahm öffnete einer der Afrikaner die Box, umd 1 Gestank vong Verwesung mit Tomatensose machte sich in Esszimmer breit. 1 Afrikaner kotzte sich sofort an, wiederum 1 anderer fiel sofort ihn Ohmacht. Auch mein Vater würgte es schong leicht, doch da musst er jetzt durch. Mit Gewalt veabreichten die Afrekaner ihm die gamze Schüssel Spagetti Frutti de Mahre, wehrend mein Vater schong ganz grüm in Gesicht vor Übelkeit wurde. Die Afrekaner veabschiedeten sich mit 1 Drohung: Sollten noch 1 mahl Gemüserawioli aus Deuschland die Senegalesiche Lamdesgrenze überqueren, kommen sie das nechste mahl mit 3 Hektoliter der Meeresspagetti, vong welchen sich mein Vater dann die nächsten Jahre ausschließlich ernähren müsse. Mein Vater hatte ca. 1 Woche lang noch Durchfall, umd etwas gutes hatte der Besuch der Gemüserawioli hassenden Afrikaner auch. Mein Vater zwang mich nie mehr, irgenwas zun essen, was mir nicht schneckt, denn sein Angst, ich würde das Essen in seinen Nahmen wieder nach Afrikar schicken, war eimfach viel zu groß.

Die Gemüseravioli

»Solange du deine Füße unter meinen Tisch stellst, wird gegessen, was auf eben jenen Tisch kommt!« Es gab Ravioli mit Gemüsefüllung. Mutter hatte beim Einkaufen versehentlich statt der handelsüblichen Ravioli mit Hackfleischfüllung die mit der Gemüsefüllung erwischt. »Wenn mir was nicht schmeckt, dann muss ich das auch nicht essen!«, schrie ich zurück. »Die Kinder in Afrika wären froh über die Scheißgemüseravioli, du verzogener Bengel!«, erwiderte mein Vater laut. »Dann schick die Gemüseravioli doch nach Afrika, aber lass mich damit in Ruhe!« Das ließ sich mein Vater nicht bieten. Kurzerhand nahm er meinen Teller Gemüseravioli, schüttete alles in einen Frischhaltebeutel von Toppits und verpackte diesen ordnungsgemäß in ein Paket. Er frankierte es ausreichend, brachte es zur Post und schickte es, wie von mir vorgeschlagen, nach Afrika. Das Paket war geschlagene zwei Wochen unterwegs, da es via Luftfracht ausgeliefert wurde. Allerdings lag es vier Tage lang in einem viel zu heißen Zwischenlager am Flughafen in Marrakesch, da die Flughafenmitarbeiter gerade streikten, ehe es weiter nach Senegal ging. Die Senegalesen warteten schon sehnsüchtig auf das Paket mit den Gemüseravioli und verzehrten es direkt, nachdem sie es ausgepackt hatten. Ein paar von ihnen taten ihren Unmut über die Gemüsefüllung kund, aber machten dennoch gute Miene zum bösen Spiel. Keine zwei Stunden nach dem Verzehr der Gemüseravioli machte sich beim Ersten schon ein leichtes Grummeln im Bauch bemerkbar. Als dieses ominöse Grummeln immer stärker wurde, wurde ihm schnell bewusst, dass er gerade Durchfall bekam, und rannte in Windeseile auf die Toilette. Die anderen Senegalesen hatten wenig später das gleiche Problem, jedoch gab es nur eine Toilette im Haus. Man kann sich ausmalen, in welch einem Desaster das Ganze endete. Die Afrikaner waren stinksauer auf meinen Vater und seine Gemüseraviolilieferung. Das war auch kein Wunder. Dass die besagten Gemüseravioli 14 Tage Postweg in der sengenden Hitze einigermaßen genießbar überstehen würden, war ein Ding der Unmöglichkeit.

Die Afrikaner schworen Rache. Sie kochten einen Topf mit Spaghetti Frutti di Mare und füllten diese in eine Tupperschüssel ab. Anschließend luden sie die Tupperschüssel in den Kofferraum ihres VW-Busses und fuhren kurzerhand zu fünft nach Deutschland, um meinem Vater den Lebensmittelanschlag mit den Gemüseravioli heimzuzahlen. Es war ein langer Weg mit dem Auto von Senegal nach Deutschland. Sie fuhren über Mauretanien und Marokko, mit der Fähre nach Spanien, durch Frankreich und die Schweiz nach Deutschland. Mein Vater hatte keinen blassen Schimmer, was er mit seinen vermaledeiten Gemüseravioli in Afrika angerichtet hatte. Er war gerade dabei, in aller Seelenruhe seinen Rasen zu mähen, als es auf einmal an der Türe Sturm läutete. Mürrisch öffnete er die Haustür und sah den fünf richtig angepissten Afrikanern mit ihrer Tupperschüssel voll Spaghetti Frutti di Mare in die Augen. »Jetzt pass mal auf, Kollege«, ergriff einer der Afrikaner das Wort. »Wegen deinen vergammelten Gemüseravioli haben wir uns in Afrika die ganze Bude mit Durchfall vollgeschissen. Ich bekam aufgrund des großen Flüssigkeitsverlusts sogar eine Elektrolytlösung verpasst. Sowas lassen wir uns nicht bieten!« Drei Afrikaner packten meinen Vater unter den Armen, schleiften ihn ins Esszimmer und fixierten ihn mit Gafferband auf einem der Stühle. Sie stellten ihm die Tupperschüssel voll Spaghetti Frutti di Mare, die fünf Tage Autofahrt bei Temperaturen um die 36 Grad hinter sich hatte, vor die Nase. Langsam öffnete einer der Afrikaner die Box, und ein Verwesungsgestank mit Tomatensauce machte sich im Esszimmer breit. Ein Afrikaner kotzte daraufhin sofort auf den Boden, wiederum ein anderer fiel in Ohnmacht. Auch mein Vater würgte, doch da musste er jetzt durch.

Mit roher Gewalt verabreichten ihm die Afrikaner die ganze Schüssel Spaghetti Frutti di Mare, während mein Vater grün im Gesicht vor Übelkeit wurde. Die Afrikaner verabschiedeten sich mit einer Drohung: Sollten noch einmal Gemüseravioli aus Deutschland die senegalesische Landesgrenze überqueren, kämen sie das nächste Mal mit drei Hektolitern der Meeresspaghetti, von denen sich mein Vater dann die nächsten drei Jahre ausschließlich ernähren müsste. Mein Vater hatte ungefähr eine Woche lang Durchfall. Aber etwas Gutes hatte der Besuch der gemüseraviolihassenden Afrikaner auch: Mein Vater zwang mich nie wieder, irgendetwas zu essen, was mir nicht schmeckte, denn seine Angst, ich würde das Essen in seinem Namen wieder nach Afrika schicken, war einfach zu groß.

Die Passiom vong Christus

Es wahr 2017 in 1 kleine Prowinznest nahe Wiskonsing. Pfarrer Blecksmith bekahm den Dose mit die eimgelegten Aprekosen nicht auf. Das lag aber nicht am der Dose. Auch nicht an Pfarrer Blecksmith. Der scheis Dosenöffner wahr für linkshemder gemacht, aber Pfarrer Blecksmith wahr vong Beweis her Rechtshändler. Sein Haushelterin Frau Simons hat auf ganze Linie vesagt, als sie dem Dosemöffner bei Dosemöffner Braun gleich um die Ecke gekaufen hat. Pfarrer Blecksmith schleuderte die Dose mit die eimgelegten Aprekosen gegem die Wand, direkt ans Jesuskreuz. Der Holz Jesus konnte sich durch die Wucht vong Aufprall vong Dosemaprikosen nicht mehr an sein Kreuz haltem und fiel zu Bodem. Pfarrer Blecksmith sank auf sein Knie: »Grumdgütiger.« Aufgescheut durch den Lerm im der Küche kahm die Haushelterin Frau Simons, um nach den rechten zun sehen. »Sehm Sie, was sie amgerichtet han!!!«, schrie Pfarrer Blecksmith und hob dem kleinen Holz Jesus, der immer noch sein Arme in die Luft streckte, behutsahm auf und schrie Frau Simons mit 1 vezweifelten Blick an: »So rufem Sie doch 1

Arzt, Herr Gott nomahl.« Komentahrlos wehlte Frau Simons die 911, wehrend Pfarrer Blecksmith den kleinen Holz Jesus durchhalte Parohlen in sein Holzohr flüstete. Der Teekessel, was auf den Herdplatte stamd, fing an zun Pfeifen. *Wimd vong Change* vong den Skorpiongs. Anstadt den Kessel vong der Herdplatte zun nehmen, sang Pfarrer Blecksmith den Holz Jesus simultan zun Pfeifen vong Teekessel leise dem Liedtext ims Ohr. »Follow the Mokswa – down to Gongki Paaark – lisning to 1 Wimd vong Changing.« Pfarrer Blecksmith wahr bisschen übergeschnappt, das wusste Frau Simons schong, aber das heute wahr 1 zun viel vong Guten. Der Kramkenwagen kahm schong 1 wenig speter herangesausen. Frau Simons öffnete die Tühre umd imfomierte die Saniteter über den Zustamd vong Pfarrer Blecksmith. Die enschlossen kurze Hamd, ihn anstadt den Holz Jesus mit zun nehmen umd ihn in 1 Psychaterische Amstalt eimzunweisen. Als die Samitäter in die Küche kahmen, famden sie weder Pfarrer Blecksmith noch den Holz Jesus vor. Pfarrer Blecksmith han das ganze Gesprech zwischen Tür umd Angel umd Frau Simons umd den Notärzten mitgehöhren und ist durch das Küchenfemster zusammen mit seinen verletzten Holz Jesus ausgebüxt. Pfarrer Blecksmith fuhr mit quietschemde Reifen, den Holz Jesus auf Beifahrersitz amgeschnallt, in seinen Chevrolet Cabrio auf umd davong richtung Las Wegas. Er hatte seim ganzes erspahrtes dabei, um in 1 Casino genügemd Gelld für die Notoperateon vong Holz Jesus Kunpel zun erspielen. Er drehte den Radion auf volle Lautsterke, denn es lief gerade *Sommer of 69* vong Breien Edems. Dieses Lied empfachte in Pfarrer Blecksmith 1 lengst überfallig Gefühl vong Freiheit, das ihm ob seiner christlichem Berufung viel zu lasagne verwehrt gewesen wahr. Er blickte nach rechts zu seinen

Holz Jesus Kunpel und boht ihn 1 Zigrette an, mit den Worten: »Bong Jovi sollte wieder mehr so Lieder wie *Sommer of 69* machem. Seit *It's mein Life* gings mit den musekalisch total berg ab.« Der Holz Jesus veweigerte den Zigarette umd erwiderte harsch: »*Sommer of 69* ist nicht vong Bong Jovi, du Holzkopf.« Pfarrer Blecksmith knallte ihm eine und sagte: »Red nicht so über Bong Jovi!« Der kleine Holz Jesus konnte nicht fassen, was gerade geschehem war. So mies wurde er zuletzt vor 1.984 Jahrem behandelt. Nach ein pahr Kilometer signalesierte die Tachonadel Pfarrer Blecksmith, das er tamken musste. So fuhr er bei der nechsten Tamkstelle raus umd gab dem durstigen Chevrolet 50 Litter lecker Benzin zun trinken. Als Pfarrer Blecksmith zun bezahlen ging, witterte der kleine Holz Jesus sein Chongse umd kletterte über die Beifahrertüre nach draussen. Nach allen, was er im der Vergangenheit durchmachen musste, han er das nicht nötig gehabt, sich vong einem sogenannten Sprachrohr Gottes schlagem zun lassen. Er spazierte davong und murmelte in sein Holzbart, dass er das alles sein Vatter erzehlen würde umd dafür sorgt, dass Pfarrer Blecksmith 1 Ewigkeit in Fegefeuer schmohren würde, ehe er im der Hölle vong Dämonen vergewaltigt wird. Pfarrer Blecksmith bemerkte nicht, dass der kleine Holz Jesus gar nicht mehr in Auto saß, umd fuhr mit quietschende Reifen los. Leider übersah Pfarrer Blecksmith den Holz Jesus ob seiner größe und überfuhr ihn mit seinen Cabrio. Das Geräusch vong knirschenden Holz ließ Pfarrer Blecksmith aufschrecken. Er sah an Beifahrersitz, doch dieser war lehr. Er blickte in Rückspiegel umd sah den kleinen Holz Jesus mit Gesicht voraus in Staub gedrückt umd nach oben gestreckten Armen ein paar Meter empfernt der Zapfseule an Asphalt liegen. Pfarrer Blecksmith stieg aus umd rannte pahnisch zu seinen Holz Jesus Kunpel, gab ihm Herz Rhythmus Maschasen und spielte dabei in Kopf die Melody vong *Highway to Hell* ab, da diese genau die 100 bpm wahren, mit der Pfarrer Blacksmith die Maschasen durchführen musste. Das han er mal in Erste Hilfe Kurs gelernen, als er seinen Führerscheim machte. Sein Erste Hilfe Lehrer wahr Angus Jang. Zun der Zeit hatten ACDC noch gahr nicht *Highway to Hell* als Single ausgekoppelt. Angus Jang vebreitete den Song ausschließlich durch Erste Hilfe Kurse, bis der Durchbruch kahm, als einmal 1 großer Plattenboss vong Universal Records bei ihn einen Kurs belegte. Das sind Erfolgstories, wie sie nuhr das Lebem schreibem kann. Doch Pfarrer Blecksmith Bemühungen wahren unsonst. Er konnte den kleinen Holz Jesus nicht zurück in Lebem hohlen. Pfarrer Blecksmith brach weimend zusammen. Mit so 1 Bürde weiter zun lebem, den Sohn Gottes überfahren zun haben, schien für Pfarrer Blecksmith ummöglich. Er ging, trenenüberströmt, zun Zapfsäule der Tamkstelle und tankte sich 10 Litter Diesel in den Schlumd, bis er tot zusammenbrach. Aber Jesus währe ja schlieslich nicht Jesus, wenn er nicht an dritten Tage wieder auferstehem würde. Umd so tat er es auch. Er sah sich kurz um, stieg in Pfarrer Blecksmith sein Chevrolet Cabrio umd setzte die Fahrt nach Las Wegas alleine fort. Emdlich frei vong allen. Frei vong den Kreuz in Pfarrer Blecksmith Küche, an den er jahrelang hing, umd frei vong Pfarrer Blecksmith seiner verrückt herrischen Art umd Weise. Er dreht den Radion auf, umd es lief *Living on 1 Prayer.* »Brian Adam's alte Songs simd immer noch die besten«, dachte er sich umd drückte das Gaspedal bis zun Anschlag durch. Nach einigen Stumden erreichte er emdlich das berühmte Ortsschild vong Las Wegas. »Koks, Nutten und Bleckjeck – dieses Wochenende tamze ich Sanba mit den

Teufel umd gebe mich wemigstens einmal in Lebem der Sünde hin.« Er mietete sich in 1 Motel ein, zog sich 1 Hawei Hemd an mit Sonnebrille und Anglerhut, umd machte sich auf den Weg in das Cäsars Palace Casino. Cäsars Palace – genau das richige Casino. »Da knöpf ich den kack Röhmern schöm die Reparationen, die mir zustehen, am einarmigem Banditen ab.« Der kleine Holz Jesus setzte sich an einen der vielem Bleckjeck Tische. Nach einigen Rumden durchschaute er das Systen umd fing an, durch Karten zehlen sich einen enormen Vorteil gegenüber den Casino zun erschaffen. Er gewann Rumde für Rumde. Die Chips stapelten sich im die Höhe, umd die leichten Frauen versammelten sich rund um den Neureichen Holz Jesus in der Hoffnung, 1 Stück vong seinen erspielten Geld in Form vong einen Gleschen Dong Perenjong zu erhaschen. Auch bei den Betreibern vong Cäsars Palace blieb die Gewinnstrehne vong den kleinen Holz Jesus nicht umbemerkt. Über einen Bildschirn der Übewachungskamera beobachteten sie, was der kleine Holz Jesus dort an Bleckjeck Tisch trieb. Sie studiertem genau sein Spielweise umd kahmen zun Entschluss, das er jemand sein musste, der sich durch das streng vebotene Karten zehlen einem enormen Vorteil verschaffte. So etwas wahr in Casino überhaupt nicht germ gesehen. Sie schickten 4 Securitys in Römer Outfits (es wahr ja schlieslich das Cäsars Palace) zun Bleckjeck Tisch, an den der Holz Jesus spielte, umd liesen ihn im 1 Hinterzimmer abführen. Dort saß der Chef vong Casino, Pontius Pilates, zigarrerauchemd in seinen dicken Ledersessel umd sprach: »Bimst du der König der Juden?« Der kleime Holz Jesus bejahte dies. »Wir han beobachtet, wie du an Bleckjeck Tisch die Karten mitgezählen hast. Das gibt bein uns im Cäsars Palace den Höchststrafe. KREUZIGT IHM.« »Ohman, nicht schong wieder.« Der Holz Jesus konnte es eimfach nicht fassen ... diese bekackten Röhmer. Und so kahm es, wie es kommen musste. Direkt noch in Büro wurde der kleine Holz Jesus an 1 frisches kleimes Holzkreuz genagelt und hängt bis heute noch im Büro des Casino Inhabers vong Cäsars Palace in Las Vegas und hofft darauf, das dieser recht bald vesuchen würde, 1 Dose voll Aprekosen mit einen Dosemöffner für linkshändler zun öffnen, so wie es auch Pfarrer Blecksmith tat, um wieder die Freiheit zun erlangen, nach der er sich so sehmte.

Die Passion Christi

Es war das Jahr 2017 in einem kleinen Provinznest nahe Wisconsin. Pfarrer Blacksmith bekam die Dosen mit den eingelegten Aprikosen nicht auf. Das lag aber nicht an der Dose. Auch nicht an Pfarrer Blacksmith. Der Dosenöffner war für Linkshänder gemacht, Pfarrer Blacksmith jedoch war erwiesenermaßen Rechtshänder. Seine Haushälterin, Frau Simmons, hatte auf ganzer Linie versagt, als sie den Dosenöffner bei Dosenöffner Brown, gleich um die Ecke, gekauft hatte. Pfarrer Blacksmith schleuderte die Dose mit den eingelegten Aprikosen vor Wut gegen die Wand, direkt ans Jesuskreuz. Der Holzjesus konnte sich durch die Wucht des Aufpralls der Dosenaprikosen nicht mehr an seinem Kreuz halten und fiel zu Boden. Pfarrer Blacksmith sank auf seine Knie und rief: »Grundgütiger!!« Aufgescheucht durch den Lärm in der Küche kam die Haushälterin Frau Simmons, um nach dem Rechten zu sehen. »Seh'n Sie, was Sie angerichtet haben!«, rief Pfarrer Blacksmith und hob den kleinen Holzjesus, der immer noch seine Arme in die Luft streckte, behutsam auf. Dann schrie er Frau Simmons mit verzweifelten Blick weiter an: »So rufen Sie doch einen Arzt, Herrgott nochmal!« Kommentarlos wählte Frau Simmons die 911, während Pfarrer Blacksmith dem kleinen Holzjesus Durchhalteparolen ins Holzohr flüsterte. Der Teekessel auf der Herdplatte fing an zu pfeifen. *Wind of Change* von den Scorpions. Anstatt den Kessel von der Herdplatte zu nehmen, sang Pfarrer Blacksmith dem Holzjesus simultan zum Pfeifen des Teekessels leise den dazugehörigen Liedtext ins Ohr: »Follow the Moskwa – Down to Gorki Park – Listening to the Wind of chaaaange!«

Pfarrer Blacksmith war ein wenig übergeschnappt, das wusste Frau Simmons schon, aber das heute war dann doch zu viel des Guten. Der Krankenwagen kam schon wenige Minuten später herangesaust. Frau Simmons öffnete die Türe und informierte die Sanitäter über Pfarrer Blacksmiths Zustand. Diese entschlossen sich kurzerhand dazu, ihn statt des Holzjesu mitzunehmen und in eine psychiatrische Anstalt einzuweisen. Als die Sanitäter in die Küche kamen, fanden sie aber weder Pfarrer Blacksmith noch den Holzjesus vor. Pfarrer Blacksmith hatte nämlich das ganze Gespräch zwischen Tür und Angel mitangehört und war zusammen mit seinem verletzten Holzjesus durch das Küchenfenster ausgebüxt.

Pfarrer Blacksmith fuhr mit quietschenden Reifen, den Holzjesus auf dem Beifahrersitz angeschnallt, in seinem Chevrolet Cabrio auf und davon, Richtung Las Vegas. Er hatte sein ganzes Erspartes dabei, um in einem Casino genügend Geld für die Notoperation seines hölzernen Jesus-Kumpels zu erspielen. Er drehte das Radio auf volle Lautstärke, denn es lief gerade *Summer of 69* von Bryan Adams. Dieses Lied entfachte in Pfarrer Blacksmith ein längst überfälliges Freiheitsgefühl, das ihm ob seiner christlichen Berufung viel zu lange verwehrt geblieben war. Er blickte nach rechts zu seinem Holzjesus-Kumpel und bot ihm mit den Worten »Bon Jovi sollte wieder mehr so Lieder wie *Summer of 69* machen. Seit *It's My Life* ging's mit ihm musikalisch total bergab« eine Zigarette an. Der Holzjesus verweigerte die Zigarette und erwiderte harsch: »*Summer of 69* ist überhaupt nicht von Bon Jovi, du Holzkopf!« Pfarrer Blacksmith knallte ihm eine und sagte: »Rede nicht so über Bon Jovi!«

Der kleine Holzjesus konnte nicht fassen, was gerade geschehen war. So mies wurde er zuletzt vor 1.984 Jahren behandelt. Nach ein paar Kilometern Fahrt signalisierte die Tachonadel Pfarrer Blacksmith, dass er tanken müsse. So fuhr er bei der nächsten Tankstelle rechts ran und gab dem durstigen Chevrolet fünfzig Liter leckeres Benzin zu trinken. Als Pfarrer Blacksmith zum Bezahlen ins Kassenhäuschen ging, witterte der kleine Holzjesus seine Chance und kletterte über die Beifahrertür nach draußen. Nach allem, was er in der Vergangenheit durchmachen musste, hatte er es nicht nötig, sich von einem sogenannten Sprachrohr Gottes eine Ohrfeige verpassen zu lassen. Er spazierte davon und murmelte in seinen Holzbart, dass er das alles seinem Vater erzählen würde und dieser sicherlich dafür sorgen würde, dass Pfarrer Blacksmith eine halbe Ewigkeit im Fegefeuer schmorte, ehe er in der Hölle von Dämonen vergewaltigt würde. Pfarrer Blacksmith bemerkte nicht, dass der kleine Holzjesus gar nicht mehr im Auto saß, und fuhr mit quietschenden Reifen los. Leider übersah Pfarrer Blacksmith den Holzjesus aufgrund seiner Größe und überfuhr ihn mit seinem Cabrio.

Das Geräusch von knirschendem Holz ließ Pfarrer Blacksmith aufschrecken. Er sah auf den Beifahrersitz, doch dieser war leer. Er blickte in den Rückspiegel und sah den kleinen Holzjesus, mit dem Gesicht in den Staub gedrückt und nach oben gestreckten Armen, nicht unweit der Zapfsäulen auf dem Asphalt liegen. Pfarrer Blacksmith stieg aus und rannte panisch zu seinem Holzjesus-Kumpel. Er fing an, ihn mit einer Herz-Druck-Massage wiederzubeleben, und spielte dabei im Kopf die Melodie von *Highway to Hell* ab, da diese genau die hundert bpm im Takt hatte, mit der Pfarrer Blacksmith die Massagen durchführen musste. Das hatte er seinerseits in einem Erste-Hilfe-Kurs gelernt, als er seinen Führerschein gemacht hatte. Sein Erste-Hilfe-Lehrer war damals Angus Young. Zu der Zeit hatten AC/DC *Highway to Hell* noch nicht als Single ausgekoppelt. Angus Young verbreitete den Song ausschließlich durch Erste-Hilfe-Kurse, bis endlich der Durchbruch kam, als einmal ein großer Plattenboss von Universal bei ihm einen Kurs belegte und ihn anschließend unter Vertrag nahm. Das sind Erfolgsgeschichten, wie sie nur das Leben selbst schreiben konnte.

Doch Pfarrer Blacksmiths Bemühungen waren umsonst. Er konnte den kleinen Holzjesus nicht ins Leben zurückholen. Pfarrer Blacksmith brach weinend zusammen. Mit so einer großen Bürde weiterleben zu müssen, den Sohn Gottes überfahren zu haben, schien für ihn unmöglich. Er ging, tränenüberströmt, zu einer der Zapfsäulen der Tankstelle und tankte sich selbst zehn Liter Diesel in den Schlund, bis er tot zusammenbrach.

Aber Jesus wäre ja schließlich nicht Jesus, wenn er nicht am dritten Tage wieder auferstehen würde. Und so tat er es auch. Er sah sich kurz um, stieg in Pfarrer Blacksmiths Chevrolet Cabrio und setzte die Reise nach Las Vegas alleine fort. Endlich frei von allem, frei vom Kreuz in Pfarrer Blacksmiths Küche, an dem er jahrelang gehangen hatte, und frei von dessen verrückter, herrischer Art und Weise. Er drehte das Radio auf volle Lautstärke, denn es lief *Living on a Prayer.* »Bryan Adams' alte Songs sind immer noch die besten«, dachte er sich und drückte das Gaspedal bis zum Anschlag durch. Nach einigen Stunden erreichte er endlich das berühmte Ortsschild von Las Vegas. »Koks, Nutten und Blackjack – dieses Wochenende tanze ich Samba mit dem Teufel und gebe mich wenigstens einmal im Leben voll und ganz der Sünde hin.« Er mietete sich in ein Motel ein, zog sich ein Hawaiihemd mit dazu passender Sonnenbrille und einem Anglerhut an und machte sich auf den Weg in das

Caesars-Palace-Casino. »Caesars Palace – genau das richtige Casino für mich. Da knöpf ich den Römern schön am einarmigen Banditen die Reparationen ab, die mir noch zustehen.« Der kleine Holzjesus setzte sich an einen der vielen Blackjack-Tische. Nach einigen Runden durchschaute er das System und fing an, sich durch das Mitzählen der Spielkarten einen enormen Vorteil gegenüber dem Casino zu verschaffen. Er gewann Runde um Runde. Die Chips stapelten sich in die Höhe, und die leichten Frauen versammelten sich rund um den neureichen Holzjesus, in der Hoffnung, ein Stück seines erspielten Geldes in Form von einem Gläschen Dom Pérignon zu erhaschen.

Auch bei den Betreibern des Caesars Palace blieb die Glückssträhne des kleinen Holzjesu nicht unbemerkt. Über einen Bildschirm der Überwachungskamera beobachteten sie, was der kleine Holzjesus dort am Blackjack-Tisch so trieb. Sie studierten seine Spielweise genau und kamen zu dem Schluss, dass er jemand sein musste, der sich mithilfe des streng verbotenen Kartenzählens einen großen Vorteil verschaffte. So etwas war im Casino überhaupt nicht gern gesehen. Sie schickten vier Sicherheitsmänner in Römer-Outfits – es war schließlich das Caesars Palace – zum Blackjack-Tisch, an dem der kleine Holzjesus zockte, und ließen ihn in ein Hinterzimmer des Casinos abführen. Dort saß der Chef des Casinos, Pontius Pilatus, Zigarre rauchend in seinem dicken Ledersessel und sprach: »Bist du der König der Juden?« Der kleine Holzjesus bejahte dies. »Wir haben beobachtet, dass du an einem unserer Blackjack-Tische die Karten mitgezählt hast. Auf dieses Vergehen steht bei uns im Caesars Palace die Höchststrafe. Kreuzigt ihn!« Oh Mann, nicht schon wieder. Der Holzjesus konnte es einfach nicht fassen ... Diese nervigen Römer! Und so kam es, wie es kommen musste. Direkt noch im Büro wurde der kleine Holzjesus an ein frisches, kleines Holzkreuz genagelt. Dort hängt er bis heute im Büro des Casino-Inhabers des Caesars Palace in Las Vegas und hofft darauf, dass dieser recht bald versuchen würde, eine Dose mit eingelegten Aprikosen mit einem Dosenöffner für Linkshänder zu öffnen, so wie es auch Pfarrer Blacksmith getan hatte, um endlich wieder die Freiheit zu erlangen, nach der er sich so sehnte.

Fantasy Girl

»Dance, Dance, Take 1 Chance – humen beeing, new romance – hends in the Air, feel the Bass – Inline skating cyberspace.« Der Bass, der aus den Amlage waberte, erschütterte Mark und Beim gleichzeitig. Ich ravete mich in Trongs, inden ich die Leuchtstebe zun Melodie vong den DJ Bobo Lied im der Luft herunwirbelte, so dass es vong weiten aussah, als würdem 2 überdinensionale bunte Glüchwürnchen einen Balztanz praktezieren. Schong als die erste Delfintrance CD rauskahm, han mich diese Musik konplett in ihren Bann gezogem. Ich wahr gerade dabei, mir den magischen Blütenstaub zun veabreichen, als auf eimal SIE vor mir stamd. 1 Frau mit Delfinblaue Hahre, so gelbe Katzenaugen in ihre Augemhöhle, dazu Schnurrhaare umd Stiefel, was bis zun ihre Oberschenkel gingen. Sie stellte sich mir als Fantasy Girl vor, nahm mein Hamd und flog mit mir aus der Tiefgarasche raus, in welcher der Rave stadt famd. Wir flogem hoch im den Himmel umd konnten die Stadt aus den Vogelperspekive beobachten. Schong irre, vong oben betrachtet sehen die Aneisen wie Leute aus, hihi. Nebem uns flog 1 Meuse bussard umd begleitete ums 1 Stück weit auf umseren Weg nach Eternity. Ich fragte den Meuse bussard nach aktueller Uhrzeit. Der Meuse bussard erklerte mir, das die Urzeit die älteste Zeit der erdgeschichlichen Enwicklung sei. Das wahr die Zeit, als die Dimosaurier noch in Kolloseum vong Rom sich mit den Gladeatoren kempfe bis aufs Blut lieferten, nuhr zur belustigung vong Adel. So ehnlich wie heute Stierkempfen in Spanien oder die Hahnenkempfe in Thailand, wo 2 Gockelhehne gegeneinander Kickboxen umd die Leute Geld drauf wetten. Der Meuse bussard han mich nicht verstanden, ich wollte doch nuhr wissen, wie spet es ist, und nicht die Urzeit vong Dinosaurier her, lol. Naja, ich kanns ihn nicht verübeln. Der Meusebussard musste dann schnell weiter. Er sah an Boden 1 Maus, was er verspeisen wollte, umd flog in Sturzflug richung Erdboden umd lieferte sich dort 1 wüste Prügelei mit der Spitzmaus. Fantasy Girl hielt mich immer noch am ihre Hand, umd wir flogen geradewegs auf umser scheinbahres Ziel, die Sphinx in Egypten, zu. Wir lamdeten Sampft auf den Kopf des abstrakte Katzenwesen aus Steim. Sie sah vong Nase her aus wie Michael Jeckson in Endstadion. Ich hielt die Hand vong Fantasy Girl umd fragte, warun wir hier an diesen myschtisen Ort sind. Fantasy Girl sagte, das sie auch kein Ahnung hatte, warun jetz genau hier in Egypten auf der Sphinx, und so flogen wir wieder zurück zun illegalen Tiefgaraschen Rave. Dort lief gerade *I cant stop raving* vong Dune. Ich dachte mir »I cant wirklich nicht stop raving« umd ravete durch die Menge, so dass der Erdboden bebte. Nach 1 weile schaute ich mich nach den Fantasy Girl um, aber ich kommte sie nirgendwo fimden. Meim Drang danach, sie wiederzusehem, wahr riesengros. Ich musste wohl veliebt sein. Ich rannte quer durch den Menge des Tiefgarschenraves umd fragte jede zweite Person, ob sie das Fantasy Girl gesehm han. Sie musste mit ihre extravagante Outfit eigenlich jedem auffallem. Doch jeden den, wo ich darauf amsprach, schüttelte eimfach nuhr den Kopf umd gab sich dann wieder den Bässen, welche aus den Boxem dröhnten, hin. Ich wahr tot traurig. Ich velies die Tiefgarasche umd kletterte einem der Tiefgarasche nahegelegenem Felsen rauf umd schrie »FANTASY GIRL, WO BIMST DU?« im die Nacht hinaus. Ich samk weinend auf mein Knie umd lies Sand durch mein Hamd rieseln. Der Gedamke, sie nie wieder zun sehen, löhste 1 bisher noch die dagewesenem Schnerz in mir aus. Un den Schnerz zu beteuben, hohlte ich aus mein Hosentasche das Tütchen mit 1a Blütemstaub raus! Ich komsumierte die Substanz umd hoffte auf bald einsetzende Limderung meines Herzschnerzes. Doch da saß sie auf eimal wieder nebem mir – das Fantasy Girl. Wir unarmten ums innig, und ich flüsterte im ihr Ohr, das ich nie wieder ohne Sie sein will. Fantasy Girl nahm mein Hamd umd sah mir in mein Augem umd sagte: »I bim nicht gut für dich, meim kleine Ravemaus. Auf lasagne Zeit wirst du die Liebe zu mir wohl oder übel mit deine Lebem bezahlen!« Ich vestand nuhr Bahmhof. Sie sprach weiter: »I bim mit vielen Menschen in 1 Beziehung, einige han ihre Liebe zun mir schong mit den Tod bezahlen, für amdere bim ich nuhr 1 Affäre und han mit ihnen vielleicht 1 mahl in Monat 1 Date. Es lieg am dir – emscheidest du dich für mich, emtscheidest du dich gleichzeitig gegem dich. Wir werden 1 imtensive Zeit miteinander vebringen, die meistens nie gut emdet.« Jetzt wurd es mir bewusst. Fantasy Girl kahm nur zun Vorschein, wenn ich mir diesem Blütenstaub veabreiche, welcher mich mein Problene vegessen lesst. Ich sah ihr in ihre Katzenaugem umd konnte der Vesuchung nicht wiederstehen. Ich küsste sie, als würde es kein morgem geben, umd wir beide begannen ums vong der Erde zu lösen umd Richtung Himmel zun fliegen. So ehnlich wie bein Lied *Major Tom* vong Peter Schilling ... vöollig zugedröhmt vong den Drooogem schwebem wir wie 1 Raaaunschiff völlig schwereloooohooohoho-hooos. Ich machte mein Fantasy Girl noch an gleiche Abemd 1 Heiratsamtrag, welcher gleichzeitig auch meim Totenschein wahr. Wir lebten die nechsten 3 Jahre glücklich zusannen, bis mein Fantasy Girl mich vong innen auffraß umd den letzten Hauch vong Lebem her aus mir heraussaugte, ehe sie zun ihren nechsten Date eilte.

Fantasy-Girl

»Dance, dance, take your chance – human being, new romance – hands in the air, feel the bass – inline skating cyberspace!« Der Bass, der mit Wucht aus der Anlage wummerte, bohrte sich durch Mark und Bein. Ich tanzte mich in eine Trance, indem ich meine Leuchtstäbe zu der Melodie von DJ Bobos Lied in der Luft herumwirbelte, sodass es aus einiger Entfernung so aussah, als würden zwei überdimensionale Glühwürmchen einen Balztanz aufführen. Seit die erste Delfintrance-CD herausgekommen war, zog mich diese Art von Musik in ihren Bann. Ich war gerade dabei, mir den magischen Blütenstaub zu verabreichen, als auf einmal SIE vor mir stand. Eine Frau mit delfinblauen Haaren, gelben Katzenaugen, dazu Schnurrhaare und Nietenstiefel, die bis zu ihren Oberschenkeln reichten. Sie stellte sich mir als Fantasy-Girl vor, nahm mich bei der Hand und flog mit mir aus der Tiefgarage, in der der Rave stattfand, raus in die Nacht. Wir flogen hoch in den Himmel und konnten die Stadt aus der Vogelperspektive betrachten. Schon irre, von oben betrachtet sehen die Leute wie Ameisen aus.

Neben uns flog ein Mäusebussard und begleitete uns ein Stück weit auf unserem Weg in die Unendlichkeit. Ich fragte ihn interessehalber nach der Uhrzeit. Der Mäusebussard erklärte mir, dass die Urzeit die älteste Zeit der erdgeschichtlichen Entwicklung sei. Das war die Zeit, als die Dinosaurier sich mit den Gladiatoren im Kolosseum von Rom noch Kämpfe auf Leben und Tot lieferten, nur zur Belustigung des Adels. So ähnlich wie heute bei Stierkämpfen in Spanien oder bei den Hahnenkämpfen in Thailand, bei denen zwei Gockel gegeneinander kickboxen mussten und die Leute Geld darauf setzten, welcher der beiden den Kampf gewinnen würde. Der Mäusebussard hatte mich falsch verstanden. Ich wollte doch nur wissen, wie spät es gerade war, und nichts über die Urzeit, in der die Dinosaurier lebten. Der Mäusebussard musste dann aber schnell weiter. Er sah am Boden eine Maus, die er verspeisen wollte, flog im Sturzflug Richtung Erdboden und lieferte sich dort eine wüste Prügelei mit der Spitzmaus. Fantasy-Girl hielt mich immer noch an der Hand, und wir flogen geradewegs auf unser Ziel zu, die Sphinx in Ägypten. Wir landeten sanft auf dem Kopf des abstrakt aussehenden Katzenwesens aus Stein. Sie sah mit ihrer lädierten Nase ein wenig aus wie Michael Jackson im Endstadium. Ich hielt Fantasy-Girls Hand und fragte sie, warum wir gerade hier an diesem mystischen Ort gelandet seien. Fantasy-Girl antwortete, dass sie gerade auch keine Ahnung habe, weshalb wir jetzt genau hier in Ägypten auf der Sphinx gelandet waren, und so flogen wir wieder zurück zum illegalen Tiefgaragen-Rave. Dort lief gerade *I can't stop raving* von Dune. Ich dachte mir: »Oh, I can wirklich nicht stop raving.« Und so rave ich mich durch die Menge. Der Erdboden bebte wie einst in Jurassic Park, als zwei der Protagonisten anhand der Erschütterung ihres Wasserglases auf den angreifenden Tyrannosaurus Rex aufmerksam wurden.

Nach einer Weile sah ich mich nach dem Fantasy-Girl um, aber ich konnte sie nirgendwo entdecken. Mein Drang, sie wiederzusehen, war enorm. Ich musste wohl verliebt sein. Ich rannte kreuz und quer durch die Menschenmenge des Tiefgaragen-Raves und fragte wohl jede zweite Person, ob sie mein Fantasy-Girl gesehen hatte. Sie müsste eigentlich mit ihrem extravaganten Outfit jedem hier aufgefallen sein. Doch jeder, den ich auf sie ansprach, schüttelte einfach nur den Kopf und gab sich danach wieder den aus den Boxen dröhnenden Bässen hin. Ich war tieftraurig. Ich verließ die Tiefgarage, kletterte auf einen nahegelegenen Felsen und rief »Fantasy-Girl, wo bist duuu?« in die Nacht hinaus. Ich sank weinend auf meine Knie und ließ ein wenig Sand durch meine Hand rieseln. Der Gedanke, sie niemals wiederzusehen, löste einen bisher noch nie dagewesenen Schmerz in mir aus. Um diesen unsagbar großen Schmerz in meinem Herzen zu betäuben, holte ich das Tütchen mit Eins-a-Blütenstaub aus meiner Hosentasche raus. Ich konsumierte die Substanz und hoffte auf eine bald einsetzende Linderung meines Schmerzes. Doch da saß sie auf einmal wieder neben mir – mein Fantasy-Girl. Wir umarmten uns innig, und ich flüsterte ihr ins Ohr, dass ich nie wieder ohne sie sein wolle. Fantasy-Girl nahm meine Hand, sah mir tief in die Augen und sagte: »Ich bin nicht gut für dich, meine kleine Ravemaus. Auf lange Zeit wirst du deine Liebe zu mir wohl oder übel mit deinem Leben bezahlen müssen.« Ich verstand nur Bahnhof. Sie sprach weiter: »Ich bin mit viel zu vielen Menschen in einer Beziehung, einige von ihnen haben ihre Liebe zu mir bereits mit dem Tod bezahlen müssen, für andere bin ich nur eine Affäre, mit denen ich vielleicht einmal im Monat ein Date habe. Es liegt an dir! Entscheidest du dich für mich, entscheidest du dich gleichzeitig gegen dich. Wir werden eine intensive Zeit miteinander verbringen, die jedoch meistens tragisch endet.« Jetzt wurde mir einiges klar. Fantasy-Girl kam nur zum Vorschein, wenn ich mir diesen Blütenstaub verabreichte, der mich meine ganzen Probleme vergessen ließ. Ich sah ihr tief in die Katzenaugen und konnte der Versuchung nicht widerstehen. Ich küsste sie, als würde es keinen Morgen geben, und wir beide lösten uns von der Erde, um in Richtung Himmel abzuheben. So ähnlich wie bei *Major Tom* von Peter Schilling. Völlig zugedröhnt von den Drogen schwebten wir wie ein Raumschiff, völlig schwereloooohooohohohoooos.

Ich machte meinem Fantasy-Girl noch am selben Abend einen Heiratsantrag, der gleichzeitig auch mein Totenschein war. Wir lebten die nächsten drei Jahre glücklich, wenn auch nicht immer zufrieden, zusammen, bis mein Fantasy-Girl mich von innen auffraß und mir den letzten Hauch Leben heraussaugte, ehe sie zu ihrem nächsten Date eilte.

Rockie, mein Mutter umd Ich

Es kommt in Lebem nicht drauf am wie viel du austeilem, somdern wieviel du eimstecken kannst

»Aaaaydrian«, schrie Rockie, als Hulks Hogen ihm bei *Rockie 3* durch dem Ring geschleudern hat. »Roooockie«, schrie Aydrian, als sie sah, wie Hulks Hogen Rockie durch den Ring schleuderte. #Ohman. Hulks Hogen han 1 richig lusigen Schnurbart. Sein Schnurbart sieht aus wie 1 kleine Banane aus Hahre, die sich samft um sein Oberlippe schmiegt. »Sag mahl, geht noch?«, pfuhr mich 1 Stinne vong links an. »Du bröhselst mit die Chipsletten den ganze Couch voll, i han heut erst gesaugen.« Chipsletten – Lettland ist ja weltbekannt wegem sein Katoffelchips. Deswegem auch der Name. Mir wahr scheisegal, ob ich den Couch vollbröhsel. Auf der Welt gibs viel schlimmere Problene als 1 Couch voll Bröhsel. Zun Beispiel der steigemde Energiebedarf pro Haushalt umd die Resursen, was immer weniger werden. Wie geht's weiter mit umsere Welt in 30 Jahre? Kein Ahnung. Aber laut mein Mutter wohl keimesfalls mit Chipslettenbröhsel auf der Couch, lol. Bum Zack, Rockie han sein Titel velohren, weil er sich auf sein Ruhm ausgeruhen han umd fett umd überheblich geworben ist. Das ist oft 1 Problem in unsere Welt. Wenn Leute mahl was erreicht habem, sind die Satt vong Erfolg her umd geben sich kein Mühe mehr. Sportfreumde Stiller zun Beispiel. Riesem Frechheit, den ihre Musik. Alle muss dunkel sein in New York, Rio, Rosenhein und wollt nuhr ebem mahl sagen, das ich den grösten hab umd so Sachen. Umd die Leute kaufem den uninspiriertem Käse. Was sagt zun Beispiel 1 Heribert Gröhnemeier zu sowas. Der macht Texte mit »Momentahn ist Frühstück, Momentan ist gut, nicht wirglich wichtig, nach 1 Ebbe kommt 1 Flut.« Das ist noch was zun drüber nachzumdemken, was er damit meint, bis man drauf kommt vong Aha-Effekt her. Aha-Effekt. A-ha wahr ja auch 1 supper Band. Des Zeichemtrickvideo, was die in der Milchbar in 1 Comic drin veschwumden ist und da sein grose Liebe gefumden han. Aber bischen unrealistisch. In Lidl vorn Regal mit Milchprodukte parkem nuhr immer alte Frauen ihrem Einkaufwagen quer vor den Regal, so dass man übehaupt nicht am die Fruchtzwerge rankonnt. So Regalblockierer solltem lieber in Milchregal reingezogem werden und dort für immer vebannt werden. So wie bei die Ghostbusters die Geister in den ihren Geistercontainer. Rocky will 1 Rückkanpf han. Seim Trener ist gestorbem und jetzt will er für ihm den Titel zurückhohlen. Er will das Auge vong Tiger wieder für sich emdecken. The *Eye of the Tiger*. The Teig of the Eier. Eier simd für 1 Teig ja unumgenglich, genauso wie das Auge des Tigers für Rockie. So schliest sich der Kreis. Mein Mutter schmiert mir eine, weil ich wieder den Couch vollbröhsel. Supper! Wer schmiert die Chinesen mal eine, weil die lauter Schadstoffe in Himmel punpen und Luft verpesten, so das Bebys schong mit Raucher husten auf die Welt connen? Wer schmiert die Sportfreumde Schiller mahl eine für den ihre umsägliche Musik? 54, 74, 90, 2010 – Deuschlamd ist auch nuhr Weltmeiser geworden, damit die Sportfreumde endlich aufhöhren, dieses beschissene Lied zun singen. Mein Mutter saugt grad den Couch, umd ich vesteh nicht, was die bein Rockie Film sagem. Deswegem mach ich kurzerhamd den Fernseher auf höchste Stufe vong Lautsterke her. Diese Affront lesst sich mein Mutter nicht bieten und hohlt den Laubbläser vong Kercher aus den Garasche umd macht 1 Höhlenlärm. Man meint, es lamdet 1 Flugzeug in der Boxarena, wo Rocky grad live kempft. Es dauerte nicht lange umd schong klingelt es am der Tür. Herr Wittmann, was über ums wohmt, beschwehrt sich über den Lautsterke, was aus umsere Wohnung kommt, denn er muss Schicht abeiten umd schleft immer dann, wenn andere wach simd, und abeitet, wenn der Otto Normahlvebraucher schleft. Mein Mutter schmiert ihn eine umd gibt ihn den Rat, sich 1 normahle Abeit wie jeder amdere auch zun suchen, umd knallt ihn die Nase vor der Türe zu. Mein Mutter schmiert grumdsetzlich jedem eine, der etwas macht, was ihr nicht passt. Bei mein Gebuhrt han ich gleich 1 geschmiert bekommen, weil meim Kopfunfang überdurschschnittlich gros wahr und somit auch ihre Geburtsschnerzen. Mein Vatter han, als er mein Mutter 1 Heiratsamtrag gemacht han, auch eine geschniert bekommen, weil sein Hosemstall offen wahr. Mein Mutter schmiert nicht nuhr Menschen eine, nein, auch Dinge müssen daran glaubem. Wenn beispielweise der Stuhl schief steht, bekonnt er 1 geschmiert. Wenn die Batterien in Fernbedienung lehr simd, bekommt erst die Fernbedienung umd dann die lehren Batterien 1 geschmiert. Mein Mutter ist so in ihre Element, Leuten umd Dinge 1 rumterzuhauen, das sie sogar, wenn sie in Suppermarkt Feigen kauft, nur solche nimmt, die wie Ohren aussehen. Ohrfeigen ebem, lol. Auch das Lautsterkeduell han mein Mutter gewommen. Bei *Rocky 3* leuft gerade der Abspann, umd i bim auch schong langsam müde. Ich schlüpfe in mein *Power Rengers* Schlafamzug aus Frottee, putz mir mein Chipsletten-krühmel aus mein Zahnzwischenreumen umd leg mich in Bett. Mein Mutter singt mir noch 1 Gute Nacht Lied vor. *Mama said knock you out* vong LL Cool J. Nachdem sie mir schöme Treume gewümscht hat, gab sie mir noch 1 Ohrfeige umd lies mir das Licht zun einschlafem an. I love mein Mutter! <3

Rocky, meine Mutter und ich

»Aaaadrian«, rief Rocky, als Hulk Hogan ihn im Film *Rocky 3 – Im Auge des Tigers* durch den Ring schleuderte. »Roooockyyy«, erwiderte daraufhin Adrian, als sie sah, was Hulk Hogan mit ihrem Göttergatten im Boxring anstellte. Hulk Hogan trägt einen richtig lustigen Schnurbart. Sein Schnurbart sieht nämlich aus wie eine kleine haarige Banane, die sich sanft an seine Oberlippe schmiegt. »Sag mal, geht's noch?«, meckerte mich eine Stimme zu meiner Linken an. »Du bröselst mit deinen Chipsletten die gesamte Couch voll. Ich habe heute erst alles gesaugt!« Chipsletten – Lettland ist ja weltbekannt wegen ihrer Kartoffelchips. Daher kommt auch der Name, Chipsletten. Mir persönlich war es scheißegal, ob ich die Couch vollbröselte. Auf unserer Welt gibt es viel schlimmere Probleme als eine Couch voll Brösel. Zum Beispiel der steigende Energiebedarf pro Haushalt und die Ressourcen, die im Umkehrschluss immer weniger wurden. Wie wird es denn in den nächsten dreißig Jahren mit unserer Welt weitergehen? Keine Ahnung! Aber laut meiner Mutter wohl keinesfalls mit Chipslettenbröseln auf der Couch.

Zack! Rocky hat seinen Titel verloren, da er sich auf seinen Lorbeeren ausgeruht hatte und dazu noch fett und überheblich geworden war. Das ist in unserer Welt ein weitverbreitetes Problem. Wenn Leute richtig viel erreicht haben, sind sie irgendwann einmal satt vom Erfolg und geben sich, bei dem, was sie tun, keine Mühe mehr. Sportfreunde Stiller, zum Beispiel. Deren Musik ist eine riesige Frechheit. Alles muss dunkel sein in New York, Rio, Rosenheim, und ich wollte dir nur mal eben sagen, dass ich den Größten habe usw. Und die Leute laufen in die Plattenläden und kaufen diesen inspirationslosen Käse auch noch. Was sagt denn zum Beispiel ein Lyriker wie Herbert Grönemeyer zu solchen Ergüssen? Herbert Grönemeyer schreibt schließlich Texte wie:

»Momentan ist richtig,
Momentan ist gut,
Nichts ist wirklich wichtig,
Nach der Ebbe kommt die Flut!«

Das ist noch tiefgründig, etwas zum Nachdenken, was er denn mit diesem Text aussagen will, bis irgendwann der Aha-Effekt eintritt. A-ha war ja auch eine spitzenmäßige Band. Ich erinnere mich noch an dieses Musikvideo, in dem die Dame in der Milchbar in den Comic, den sie gerade las, reingezogen wurde und dort ihre große Liebe fand. Aber irgendwie ist das auch unrealistisch: Bei Lidl vor dem Regal mit den Milchprodukten parken immer nur alte Frauen ihren Einkaufswagen quer vor dem Regal, sodass man keine Chance hat, an die Fruchtzwerge ranzukommen. Regalblockierer wie die sollten lieber mal in das Milchregal gezogen und für immer dorthin verbannt werden. So ähnlich wie bei den *Ghostbusters,* wo die Geister in diesen Geistercontainer verbannt werden, nachdem sie gefangen wurden.

Rocky will nun einen Rückkampf haben, weil sein Trainer gestorben ist, und nun will er für ihn den Titel zurückerobern. Er will das Auge des Tigers wieder für sich entdecken. *The Eye of the Tiger!* The Teig of the Eier. Eier sind für die Zubereitung eines Teiges ja beinahe unumgänglich, genauso wie das Auge des Tigers für Rocky. So schließt sich der Kreis. Meine Mutter haute mir inzwischen noch eine rein, da ich erneut die Couch vollbröselte. Na toll. Wer schmiert denn den Chinesen mal eine, weil diese lauter Schadstoffe in den Himmel pumpen und die Luft verpesten, sodass dort die Babys schon mit einem Raucherhusten zur Welt kommen? Wer schmiert den Sportfreunden Stiller denn endlich mal eine für ihre unsägliche Musik? *54, 74, 90, 2010* – Der Antrieb für die Deutsche Nationalmannschaft, Weltmeister zu werden, war auch nur der, dass die Sportfreunde Stiller dann endlich aufhören, dieses nervige Lied vor jeder Welt- oder Europameisterschaft zu singen. Meine Mutter saugte gerade die Couch, und ich verstand aufgrund der Lautstärke nicht, was im Film geredet wurde. Deswegen stellte ich kurzerhand den Fernseher auf die höchste Lautstärkestufe. Diesen Affront ließ sich meine Mutter nicht bieten, holte den Laubbläser von Kärcher aus der Garage und machte damit einen Höllenlärm. Man wollte geradewegs meinen, dass ein Flugzeug in der Boxarena, in der Rocky gerade kämpfte, landete. Es dauerte keine paar Minuten und schon klingelte es an der Haustüre. Herr Wittmann, der seine Wohnung über uns hatte, beschwerte sich über den Lautstärkepegel in unserer Wohnung. Er arbeitet im Schichtdienst und schläft immer dann, wenn andere wach sind, und arbeitet, wenn der Otto Normalverbraucher schläft. Meine Mutter schmierte auch ihm eine und gab ihm den Rat, sich eine normale Arbeit zu suchen, wie jeder andere normale Mensch auch. Dann knallte sie ihm die Türe vor der Nase zu.

Meine Mutter schmiert grundsätzlich jedem eine, der etwas tut oder sagt, das ihr nicht passt. Bei meiner Geburt, zum Beispiel, bekam ich gleich eine geschmiert, da mein Kopfumfang überdurchschnittlich groß gewesen war und somit auch ihre Geburtsschmerzen. Mein Vater hatte, als er meiner Mutter damals einen Heiratsantrag gemacht hatte, auch eine geschmiert bekommen, weil sein Hosenstall offen stand. Meine Mutter schmiert nicht nur Menschen eine, nein, auch Dinge müssen dran glauben. Wenn beispielsweise der Stuhl schief steht, bekommt er eine geschmiert. Wenn die Batterien der Fernbedienung leer sind, bekommt erst die Fernbedienung und dann die leeren Batterien eine geschmiert. Meine Mutter ist teilweise so in ihrem Element, Leuten und Dinge eine runterzuhauen, dass sie sogar, wenn sie im Supermarkt Feigen kauft, nur solche nimmt, die wie Ohren aussehen – Ohrfeigen eben. Auch das Lautstärkeduell hatte meine Mutter gewonnen. Bei *Rocky 3* lief gerade der Abspann, und ich war auch schon müde. Ich schlüpfte in meinen *Power-Rangers*-Schlafanzug aus Frottee, putzte mir die Chipslettenkrümel aus meinen Zahnzwischenräumen und legte mich ins Bett. Meine Mutter sang mir noch ein Gutenachtlied. Passenderweise *Mama said knock you out* von LL Cool J. Nachdem sie mir schöne Träume gewünscht hatte, gab sie mir noch eine Ohrfeige und ließ mir das Licht zum angstfreien Einschlafen an. Ich liebe meine Mutter. <3

Motzart und Sellerie

Der Neid wohmt in der dunklem Seite der Sehle

An 27. Jamuar 1756 eblickte der bis heute gröste Musiker Östereichs, Wolgang Anadeus Motzart, in Wien das Licht vong Welt her. Als waschechter Wiemer bestand er natührlich aus reinen Kalbsfleisch. Zugereiste Wiemer bezeichnet man demnach als Mensch Wiemer Art. Eigenlich wurde Motzart ja in Salzburg gebohren, aber aufgrumd vong Kalbsfleisch wahr schnell klahr, das er eigenlich nach Wiem gehöhrt. Da steht immerhin auch das Motzart Haus. Schong schnell kristallesierte sich sein enorme Talent fürs Kalvier umd Violine spielem heraus. Nicht unsonst wurde er damals auch vong allen »das Wumderkind« genannt. Er reiste bereitz als Kimd mit sein Eltern quer durch Östereich, Deuschland umd Frankreich umd gab dort vor den veschiedensten Adeligen sein frühem Werke zun besten. Wie anstrengend muss das denn gewesen sein? Mit was simd die so weit gereist? Mit 1 Pferdekutsche? Es gab ja in 18. Jahrhumdert noch keim Autos, geschweige denn Flugzeuge. Manch 1 Veschwörung theroretiker munkelt auch, dass Wolgang Anadeus Motzart 1 Reptiloide wahr umd diese großen Reisen zusammen mit sein Außerirdischen Eltern in 1 Raunschiff antrat. Wie es wohl wirklich ablief, weiß nuhr der Wind, umd der ist schweigsahm wie 1 Grab, in welchem Motzart imzwischen selbst schong seit ca 200 Jahren liegt. Nebem Motzart gab es in dieser Epoche natührlich auch noch viele amdere talentierte Musiker umd Konponisten. Antonio Sellerie wahr einer vong ihnen. Er wahr 1 begnadeter Konponist, einer der talemtiertesten weltweit, stand aber immer in Schatten vong Wolgang Anadeus Motzart. Ähnlich wie heute East 17 immer im Schatten vong den noch erfolgreicheren Take Thet stehem. Take Thet hatte ebem Robbie Willians, welcher vong daher als Motzart der Boybands gilt. Der kramkhafte Neid vong Antonio Sellerie auf Motzart gipfelte an 1 frühsommerliche Tag in Dezenber 1787, als Motzart *1 kleime Nachtmusik* releaste. Antonio Sellerie stahl damahls sein Platte mit *der kleimen Nachtmusik* aus dem Plattenladen, da er Motzart mit keinem einzigen Pfenning umterstützen wollte, umd legte sie auf seinem Grammerphon im Wohnzimmer auf. Mit vebissenem Gesichtsaudruck stützte sich Sellerie mit beiden Henden an seinem Klavier ab umd lauschte den Klengen vong Motzart sein neuste Scheibe: »Man, man, man ... *Die kleime Nachtmusik,* da hat Motzart die scheiß Fotze mal wieder richtig einen rausgehauen, vedammte Scheiße!« Mit jeden Ton vong Motzarts Stück stieg sein Neid, bis er mit volle Wucht die Klappe seines Klawiers zu schlug umd mit 1 Sidekick sein Grammerphon vong den Tischen, auf dem es stand, schlug. »Motzart hier, Motzart da, umd für mein Scheiß intressiert sich mahl wieder kein Schwanz. Ich scheiß auf sein scheiß *kleime Nachtmusik!*«, schrie er im seiner Wohnung herum. In seinem vong Neid gepregten Wahmsinn teuschte er den Geschlechtsakt mit seinem Klavier vor und sang: »Anadeus, Anadeus ... Aaah, jaa, komm fick mich, Anadeus. Oh, oh, oh, Anadeus.« Danach wahr Antonio Sellerie nicht mehr der selbe wie vorher. Die *kleime Nachtmusik* vong Motzart hat ihn total gebrochen. Er trug sein graue Perücke nuhr noch ganz schief, umd sein Haare waren ganz durcheinandergewuschelt umd standen Kreuz umd Quer vong sein Kopf weg, so ähnlich wie bei einem Wiederhopf. Wenn er Klawier spielte, dann nuhr noch in Dunkeln, während er dabei diabolisch lachte. Antonio Sellerie schrub Motzart mit Tinte umd Feder auch eimige Briefe. Besser gesagen Drohbriefe, in denen er Motzart den Tot wümschte, umd Beleidigungen umter der Gürtellinie wie z.b., das er mit sein Zauberflöte gerne mahl die Mutter vong Motzart bearbeiten würde, umd viele weitere gräsliche Dinge. Motzart selbst beeimdruckten Antonio Selleries Kabahlen keim bisschen: »Ach komm, schong wieder 1 Brief vong diesen Assi. Der soll sich mahl ficken gehen, der reudige Stünper!« Motzart schrieb umbeirrt einen Hit nach den anderen, während Antonio Sellerie vong Neid zerfressen im seiner Wohnung dahinsiechte. Eine verhengnisvollen Abemds schmiedete Sellerie schließlich einem mörderischem Plan. Er konnte nicht weiterlebem, geschweige denn konponieren, solange Wolfgang Anadeus Motzart noch an Lebem wahr. Das Motzart in allgemeinen kein Verächter vong Kost wahr, blieb auch vong Antonio Sellerie nicht umbemerkt. Er besorgte in Suppermarkt eine Schachtel Motzartkugeln, in welche er zuhause 1 selbst gebrauten Gift Cocktail mittels 1 Spritze injezierte. Diese wollte er Motzart schicken. Er legte auch noch 1 kleimen Brief mit bei, in den er sich als Jutta, 42 Jahre, aus Steiermark, ausgab, damit Motzart keinen Verdacht schöpfte. Er schrieb ihm unter diesen falschem Namen, dass er (Jutta), sein gröste Fan währe umd das ganze Zimmer voller Motzart

Poster hengen hatte, in Motzart Bettwäsche schlief umd bein letzen Konzert in erste Reihe vor lauter Aufregung laut kreischemd zusannengebrochen ist, so wie man es somst nur vong Boybands wie den Beckstreet Boys kennt. Als der Postbote das verhengnisvolle Fanpaket an Motzart zustellte, freute dieser sich riesig, als er die schmackhaften Mazipankügelchen, die auch noch zufellig seinen Namen trugen, im seinen Henden hielt. Er schnabolierte die gamze Packung in wimdeseile auf, während er simultan dazu den beigelegtem Brief las, welcher ihn schong sehr inponierte. Nuhr wenig speter entfaltete der eingenommene Gift Cocktail sein volle Wirkung umd Anadeus starb an 49 Grad Fieber. Motzarts Entourage kahm dieser plötzliche Tot vong ihn ziemlich spanisch vor. Nachden sie die Hamdschrift vong einen Drohbrief vong Sellerie mit der Hamdschrift vong Juttas Fanbrief verglichen, wurde ihnen sofort klahr, das er himter den Tot vong Motzart steckt. Sie wollten Polezei nicht einschalten, denn Crew Mitglieder vong Motzart kahmen vong der Straße und wollten es dann auch so regeln, wie sie es auf der Straße gelernt han. Sie posetionierten sich in 1 Pferdekutsche, unmittelbahr vor Selleries Haustühre, und warteten darauf, bis er sein Haus verlies. Nach ca. 1 Stumde Wartezeit machte sich Sellerie auf den Weg zun Metzger. Genau in den Monent, als er 1 Fuß auf die Straße setzte, ritt das Pferd samt Kutsche los umd Motzarts Kollegen verletzten Antonio Sellerie in 1 Drive By Shooting tötlich. Eigentlich möchte man meinen, das die Nachwelt aus diesen sinnlohsen Toden zweier Ausnahme Musiker gelernt han, jedoch wiederholte sich 200 Jahre speter das Drama erneut durch die Morde an Tupack Shakur umd Notorius B.I.G, welche genauso wie Motzart umd Sellerie in Konkerenz zueinander stamden.

Mozart und Salieri

Es war der 27. Januar 1756, als der bis heute größte Musiker Österreichs, Wolfgang Amadeus Mozart, das Licht der Welt erblickte. Als waschechter Wiener bestand er natürlich aus reinem Kalbsfleisch. Zugereiste Wiener bezeichnet man demnach nur als Menschen Wiener Art. Ursprünglich wurde Mozart zwar in Salzburg geboren, aber aufgrund seines Kalbsfleisches war schnell klar, dass er eigentlich nach Wien gehören musste. Dort steht schließlich das Mozarthaus. Schon in frühen Jahren kristallisierte sich sein enormes Talent für das Klavier- und Violinspiel heraus. Nicht ohne Grund wurde er damals von jedermann nur als »das Wunderkind« bezeichnet. Er tourte bereits im Kindesalter mit seinen Eltern quer durch Österreich, Deutschland und Frankreich. Dort gab er dann bei verschiedenen Adligen der jeweiligen Länder seine frühen Werke zum Besten. Das muss für ihn und seine Begleiter sicher unglaublich anstrengend gewesen sein, denn welches Fortbewegungsmittel haben die wohl für solch weite Strecken benutzt? Vermutlich eine Pferdekutsche, denn Autos oder Flugzeuge gab es nachweislich im 18. Jahrhundert noch nicht. Manch ein Verschwörungstheoretiker munkelt auch, dass Wolfgang Amadeus Mozart ein Reptiloide gewesen sein musste und diese weiten Reisen zusammen mit seinen Eltern im eigenen Raumschiff antrat. Wie es schlussendlich wirklich ablief, weiß nur der Wind, und der ist bekanntlich schweigsam wie ein Grab, in welchem Mozart inzwischen selbst schon seit über zweihundert Jahren liegt.

Natürlich gab es neben Mozart in dieser musikalischen Epoche auch noch viele weitere talentierte Musiker und Komponisten. Antonio Salieri war einer von ihnen. Er war ein begnadeter Komponist, einer der talentiertesten weltweit, stand aber seit jeher im Schatten des Wolfgang Amadeus Mozarts. Ähnlich wie East 17 ihrerseits immer im Schatten von Take That standen. Take That hatten eben Robbie Williams in ihren Reihen, der heute noch als der Mozart der Boybands gilt. Antonio Salieris krankhafter Neid auf Mozart gipfelte an einem schwülheißen Augusttag 1787, als Mozarts *Kleine Nachtmusik* auf Platte erschien. Salieri stahl diese Platte aus dem Plattenladen, da er Mozart mit keinem Cent unterstützen wollte, und legte sie nach dem illegalen Erwerb auf seinem Grammofon im Wohnzimmer auf. Mit verbissenem Gesichtsausdruck stützte sich Salieri mit beiden Händen an seinem Klavier ab und lauschte den Klängen von Mozarts neuester Scheibe: »Mann, Mann, Mann ... *Die kleine Nachtmusik.* Da hat Mozart ja mal wieder was richtig Gutes geschrieben, so ein Mist!« Mit jedem Ton von Mozarts neuestem Stück stieg sein Neid, bis er voller Wut die Klappe seines Klaviers zuschlug und mit einem Seitentritt das Grammofon, das auf einem kleinen Beistelltischchen stand, komplett zertrümmerte. »Mozart hier, Mozart da, und für meine Musik interessiert sich mal wieder keine Sau. Ich scheiß auf Mozarts verfickte *Kleine Nachtmusik!*«, schrie er in seiner Wohnung herum. In seinem von purem Neid geprägten Wahn täuschte er den Geschlechtsakt mit seinem Klavier vor und sang: »Amadeus, Amadeus, aaahjaaa, komm fick mich, Amadeus, oh, oh, oh, Amadeus!«

Danach war Antonio Salieri nicht mehr derselbe. Mozarts *Kleine Nachtmusik* hatte ihn gebrochen. Seine graue Perücke trug er nur noch schief auf dem Kopf, und seine Haare standen kreuz und quer von seinem Kopf ab, weshalb er nun einem

Wiedehopf ähnelte. Wenn er Klavier spielte, dann nur noch im Dunkeln, während er dabei mit tiefer Stimme diabolisch lachte. Antonio Salieri schrieb Mozart mit Tinte und Feder auch einige Briefe. Besser gesagt: Drohbriefe, in denen er Mozart den Tod wünschte. In ihnen standen auch Beleidigungen, die tief unter die Gürtellinie zielten, wie zum Beispiel, dass er gerne mal Mozarts Mutter seine Zauberflöte spüren lassen wollen würde und weitere grässliche Dinge. Mozart selbst zeigte sich von Salieris Kabalen eher unbeeindruckt: »Ach, komm, schon wieder ein Brief von diesem Asozialen. Der soll lieber weiter Unterricht nehmen, dieser talentlose Stümper.«

Mozart schrieb unbeirrt einen Hit nach dem anderen, während Salieri, von Neid zerfressen, in seiner Wohnung dahinvegetierte. Eines verhängnisvollen Abends schmiedete Salieri schließlich einen mörderischen Plan. Er konnte mit dem Gedanken, den Rest seiner Schaffensperiode im Schatten Mozarts zu stehen, einfach nicht weiterleben, geschweige denn komponieren. Das Mozart kein Kostverächter war, was Süßigkeiten betraf, war inzwischen auch zu Salieri durchgedrungen. Er besorgte im Supermarkt um die Ecke eine Schachtel Mozartkugeln, in die er zu Hause mittels einer feinen Spritze einen selbstgebrauten Giftcocktail injizierte. Der Plan war, sie Mozart zukommen zu lassen. Er legte auch noch ein kleines, selbstgeschriebenes Briefchen dazu, in dem er sich als Jutta, 42 Jahre, aus der Steiermark, ausgab, damit Mozart keinen Verdacht schöpfen würde. Er schrieb ihm unter dem Decknamen Jutta, dass er sein größter Fan sei und das ganze Zimmer voll mit Mozart-Postern hängen habe, in Mozart-Bettwäsche schliefe und beim letzten Konzert in der ersten Reihe, kreischend vor Aufregung, zusammengebrochen sei, wie man es sonst nur von Boybands wie den Backstreet Boys kannte. Als der Postbote das verhängnisvolle Päckchen zustellte, freute sich Mozart riesig, als er die schmackhaften Marzipankügelchen, die auch noch seinen Namen trugen, in seinen Händen hielt. Er aß die komplette Packung in Windeseile auf, während er simultan dazu den beigelegten Brief las, der ihm ein wenig imponierte. Doch nur kurze Zeit später entfaltete sich die volle Wirkung des injizierten Giftes und Wolfgang Amadeus Mozart verstarb am selben Tag an 49 Grad Fieber. Mozarts Entourage stellte seinen Tod von Anfang an in Frage und fing an, nachzuforschen. Nachdem sie die Handschrift von Salieris Drohbriefen mit der Handschrift von Juttas Fanbrief verglichen hatten, wurde ihnen klar, wer wirklich hinter dem Tod ihres Zugpferdes stecken musste. Sie wollten die Polizei außen vor lassen, denn Mozarts Entourage fehlte es nicht an einem gewissen Ruf auf der Straße. Daher wollten sie es selbst regeln, so wie sie es auf der Straße gelernt hatten. Sie positionierten sich ein paar Tage später in einer Pferdekutsche, die sie unmittelbar vor Salieris Haus geparkt hatten, und warteten darauf, dass Salieri dieses verließ. Nach ungefähr einer Stunde Wartezeit machte er sich auf den Weg zum Metzger. Exakt in dem Moment, als er den ersten Fuß auf die Straße setzte, ritt das Pferd samt Kutsche los und Mozarts Entourage verletzte Salieri in einem Drive-by-Shooting tödlich.

Eigentlich möchte man meinen, dass die Nachwelt aus dem sinnlosen Tod dieser zwei Ausnahmemusiker gelernt hätte, dass ein musikalisches Miteinander besser ist als ein Gegeneinander. Jedoch sollte sich das ganze Drama zweihundert Jahre später erneut abspielen, als Tupac Shakur und Notorious B.I.G., die in der gleichen Konkurrenz zueinander standen wie Mozart und Salieri, auf dieselbe Art umkamen.

Neulich in Kaufhaus

Aus jede negatiefe Situateon kann 1 posetive werden wenn es das Schicksal so will

Sie berührte mit sein Hand mein Penes!! Zufellig – die han des nicht gemerkt, weil des so 1 grose Gedrenge war in Kaufhaus. Die Einkaufschlange war über 3,6 km lang, weil jeder in letzte Drücker noch die Geschnecke für Heilige Abemd kaufen musste. 1 Mirkowelle für die Omma, danit die mit ihre 108 Jahre nicht mehr an die Herdplatten rumtut und veilliecht vegisst, die auszunmachen, und an Ende dann des ganze Haus abfakelt, wenn die ihr Bugstabensuppe macht. Dann 1 Packung Reisnegel für mein Tante. Lezte jahr hab ich ihr so 1 Pimwand aus Korck gekauft, damit die ihr Notiezen da aufhengen kann, aber die blieb nun 1 Jahr lang lehr, weil die kein Reisnegel hatte, und danit die des in volle Unfang nutzen kann, bekommt sie die dieses Jahr. Und last batt not geleased noch 1 Straus Nudeln, falls irgenwann mahl neue Nachbahn bei mir einziehn, weil das macht man so. Auf gute Nachberschaft und übereicht denen den Straus Nudeln. Die machen da so 1 schöme Nudelbukee draus, das des wie echte Blumen aussieht, nur eben in Hautfaben, wie Nudeln halt so sind. Ihre Hand haftete weiter an mein

Penes wie Scheise an 1 Schuhsole. Mir wurde aufgrumd dieser pikanten Situaton heis in mein Daumenjacke, und ich zog sie aus und warf sie mir lässisch über mein Schulter. Endlich war ich an der Reihe und legte die Wahren aus meinen Einkaufwagen aufs Band und positeonierte den Warentrenner gekonnt zwischen meine Einkeufe und die vong mein Hintermann. Die Frau mit Hand an Penes zahlte gerade. Nur 1 Tube Sempft. Komische Geschneck. Dann war ich an mein Reihe. Die finster drein schauemde Frau an der Kasse zog mein Sachen über den Scenner. Mikrowelle – Biep. Reisnegel – Biep. Straus Nudeln – Biep. Daumenjacke – Biep. Daumenjacke?? #ohman, vesehentlich hab ich die mit aufs Einkaufband gelegt. Verlegen sagte ich zun Vekeuferin: »Enschuldigum, aber die Daumenjacke gehört mir.« – »Ja, aber erst, wenn sie die gezahlt han«, fauchte sie zurück. »Sie misunderstehn mich, gute Frau, den Jacke hab ich schong seit 2 Jahre«, sagte ich und griff nach der Jacke. Die misepeterige Kasiererin hielt die Jacke an 1 Ermel fest und schrie durch ganze Kaufhaus: »Hilfe, Hilfe, i bims übefallen geworben, der will den Jacke klaun.« Ich schrie zurück: »Des ist mein Jacke, du Fettwantz.« So rangelten wir 1 zeitlang, bis 1 über couraschierter Mann kam und mir den konplette Nudelstraus über mein Kopf zog. Ich brach bewustlos zusamen. An nechsten Tag erwachte ich in Krankenhaus und blickte direkt in das Gesicht der Krankenschwester. »Emdlich sind sie aufgewacht, sie lagen 7 Monate im Komma.« Irgenwoher kannte ich die Frau, und als ich ihre Hand an mein Penes spührte, wusste ich auch, woher. Wir heirateten daraufhin 6 Monate speter, und umser Brautstraus wahr aus Nudeln, welche die mies gelaumte Verkeuferin bei unsere Hochzeit fing, denn ohne die hetten wir ums nie kennengelernen. <3

Neulich im Kaufhaus

Sie berührte mit ihrer Hand meinen Penis. Scheinbar zufällig, da sie es aufgrund des großen Gedränges im Kaufhaus nicht einmal zu bemerken schien. Die Schlange an der Kasse war über 3,6 Kilometer lang, da jeder in letzter Sekunde noch Weihnachtsgeschenke für Heiligabend besorgen musste. Ich kaufte eine Mikrowelle für meine Oma, damit sie sich mit ihren 108 Jahren nicht mehr an der Herdplatte zu schaffen machen musste. Nicht, dass sie einmal vergaß, sie auszuschalten – am Ende würde sie noch ihre gesamte Wohnung abfackeln, wenn sie ihre Buchstabensuppe zubereitete. Für meine Tante hatte ich eine Packung Reißnägel ausgesucht. Erst letztes Jahr hatte sie von mir eine Pinnwand aus Kork bekommen, damit sie dort ihre Notizen anpinnen konnte, aber diese blieb leider aufgrund der fehlenden Reißnägel das ganze Jahr über leer. Daher bekam sie sie nun dieses Jahr von mir, um ihre Pinnwand in vollem Umfang nutzen zu können. Und last but not least lag noch ein Strauß Nudeln in meinem Einkaufswagen, falls irgendwann einmal neue Nachbarn neben mir einziehen sollten. Denn das gehörte zum guten Ton, dass man neuen Nachbarn Brot und Salz oder eben einen Strauß Nudeln überreichte. Das Nudelbouquet war so schön gestaltet, dass es sich kaum von richtigen Blumen unterscheiden ließ.

Ihre Hand haftete weiter an meinem Penis wie ein Kaugummi an der Schuhsohle. Mir wurde aufgrund dieser pikanten Situation ein wenig heiß in meiner Daunenjacke, so zog ich diese aus und warf sie mir elegant über die Schulter. Nach einer unendlich langen Wartezeit hatte ich endlich das rettende Warenband erreicht. Ich legte die Waren aus meinem Einkaufswagen auf das Band und positionierte den Warentrenner gekonnt zwischen meinen Einkäufen und denen meines Hintermannes. Die Dame, die die ganze Zeit ihre Hand an meinem Penis gehabt hatte, bezahlte just. Sie kaufte nur eine Tube Senf. »Komisches Geschenk«, dachte ich mir. Dann war ich an der Reihe. Die finster dreinschauende Frau an der Kasse zog meine Einkäufe mit flinken Fingern über den Warenscanner. Mikrowelle – Biep, Reißnägel – Biep, Strauß Nudeln – Biep, Daunenjacke – Biep. Daunenjacke? In einem Anfall von geistiger Umnachtung hatte ich versehentlich meine Daunenjacke von meiner Schulter mit zu den restlichen Waren auf dem Laufband gelegt. Leicht verlegen sagte ich zu der Kassiererin: »Entschuldigung, aber die Daunenjacke gehört mir.« – »Ja, aber erst, wenn Sie sie bezahlt haben!«, fauchte sie zurück. »Sie verstehen mich falsch, gnädige Frau, die Jacke besitze ich schon seit über zwei Jahren, ich habe sie nur versehentlich mit aufs Band gelegt.« Zeitgleich griff ich nach meiner Jacke, die mies gelaunte Kassiererin jedoch hielt die Daunenjacke an einem Ärmel fest und schrie durch das ganze Kaufhaus: »Hilfe, Hilfe, ich werde überfallen. Dieser Mann will die Jacke klauen!« Ich schrie erbost zurück: »Das ist meine Jacke, du dicke Kuh!« So rangelten wir eine Zeitlang, bis ein couragierter Mann sich in den Kampf einmischte und mir mit dem Strauß Nudeln eins über den Schädel zog.

Ich brach bewusstlos zusammen und erwachte erst im Krankenhaus wieder. Ich blickte direkt in das Gesicht der Krankenschwester. »Endlich sind Sie aufgewacht, Sie lagen ganze sieben Monate im Koma«, sprach sie zu mir. Doch irgendwie kam mir diese Frau bekannt vor. Als ich daraufhin ihre Hand an meinem Penis spürte, wusste ich auch, woher. Wir heirateten sechs Monate später, und unseren Brautstrauß, der passenderweise aus Nudeln war, fing die mies gelaunte Kassiererin aus dem Kaufhaus, denn ohne sie hätten wir beide uns nie kennengelernt.

Der Prokrastinator

Unter den lezten Drücker
vesteckt sich der
Schlüsel zun Glück

I han mir lasagne Überlegt, was ich denn für 1 Supperheld sein
würde, wenn ich einer währe. Worin liegt mein Sterke? Besom-
ders viel Kraft han ich leider nicht. I bim vong Muskeln her eher
1 Durchschnittsotto. Ich erzehl, um Eindruck bei den Girls zun
schinden, schong immer rum, das ich richig stark bim. I han
sogar mein Sofa in Wohnzimmer alleine in mein Wohnung ge-
tragem. Zwar in 3 Stücken, die man anschliesend wieder ein-
hengen musste, aber immerhin. Besonders schnell bim ich auch
nicht. Wenns ums laufen geht, han ich eher in der Ausdauer
mein Sterke. Ich lauf wie 1 Uhrwerk. Jedoch gibs auch da viel
bessere. Gebreselassi, der Maratong Guru aus Etiopien zun
Beispiel. Ich kann nicht fliegem, kein Laser aus mein Augem
schießen, umd bei Elektrezität bim ich ganz vorsichtig. Es gib
für mich nichts schlinneres, als z.B. am der Rolltreppe 1 elektrischen Schlag zun bekommen. Was ich aber wirglich gut kann
ist, wichtige Dinge aufzuschieben umd unangenehme Sachen
zun verdrengen. Das fing schong in der Schule an. Bekahm ich
in einer Schulaufgabe eine 6, hab ich diese bis zun letzten Tag

vor mein Eltern verheinlicht, ehe ich sie umterschrieben wieder bei der Lehrerin abgeben musste. I han damals jeden Tag so gelebt, als währe es mein letzter. Meistens wahrs dann doch nicht so schlinn, den 6er zun beichten, aber ich zog diese Masche jedes mahl wieder durch. Auch wenn ich was wichiges erlegiden musste, wurde das immer erst auf letzten Drücker gemachen. Selbst bei diesen Buch. I han morgen den Abgabetermin und schreibe heute noch 1 Text über mein Prokrastination, lol. I bim mir sicher, das ist mein Supperkraft. Wieso nicht die Prokrastination zun meinen Vorteil nutzen umd die Welt retten, so wie es Supperhelden ebem so machen? Mein Name währe dann »Der Prokrastinator«. Wenn das goldeme P an Himmel erscheint umd ich zu 1 Notfall gerufen werde, wart ich eimfach, bis sich dieses Problem vong selbst eledigt. Falls es das nicht tut, ruft man mich noch 3 mahl, aber jedesmahl vetröst ich denjenigen mit 1 Ausrede, weil ich eimfach kein Lust habe. Erst wenn es kurz vor 12 ist umd die Erde kurz vor ihren Umtergang steht, komm ich. Denn i han im Laufe meiner Prokrastination festgestellen, das wenn ich am letzten Drücker dann die ganzen Sachen mache, die gemacht werden müssem, klappt das trotz der Aufschieberei meistens supper. Vielleicht ist das das Geheimnis, warun ich dann trotzden immer alles hinbekomme. Wenn ich Sachen rechtzeitig eledigen würde, würde das ewentuell gar nicht mahl so gut werden. I bim stolz auf mein Prokrastination. Irgenwie liebe ich auch dem Druck, den ich mich dann stellen muss. Denn 1 alte Sprichwort besagt: Umter Druck enstehen Diamanten. Liebe Grüße, Euer Prokrastinator.

Der Prokrastinator

Ich habe mir lange Zeit Gedanken darüber gemacht, welcher Superheld ich sein würde, wenn ich denn einer wäre. Was ist meine Superkraft? Besonders stark bin ich leider nicht. Ich würde mich, was meine Muskelkraft anbelangt, eher in den gesellschaftlichen Durchschnitt einordnen. Um Eindruck bei den Damen zu schinden, erzähle ich natürlich herum, dass ich ziemlich stark sei, obwohl man mir das gar nicht so ansehe. Ich habe damals, als ich mir ein neues Wohnzimmersofa gekauft habe, das Sofa ganz alleine in meine Wohnung getragen. Zwar in drei Teilen, die man anschließend ineinander einhängen musste, damit es am Ende eine ganze Sofalandschaft ergab, aber immerhin. Besonders schnell bin ich leider auch nicht. Wenn es ums Laufen geht, liegt meine Stärke eher in der Ausdauer. Ich kann laufen wie ein Uhrwerk. Jedoch gibt es da auf der Welt unzählige Menschen, die das besser können als ich. Haile Gebrselassie aus Äthiopien, zum Beispiel. Ich kann weder fliegen noch Laserstrahlen aus meinen Augen schießen, und bei Elektrizität hört der Spaß bei mir sowieso auf. Es gibt für mich nichts Schlimmeres, als beispielsweise an der Rolltreppe einen elektrischen Schlag zu bekommen. Was ich aber wirklich gut kann, ist wichtige Dinge aufzuschieben und unangenehme Sachen zu verdrängen. Das fing bei mir schon damals in der Schulzeit an. Bekam ich in einer Schulaufgabe die Note Sechs, habe ich diese bis zum letzten Tag vor meinen Eltern verheimlicht, ehe ich sie unterschrieben wieder bei meiner Lehrerin abgeben musste. Ich lebte damals jeden Tag so, als wäre es mein letzter, ehe der Tag kam, an dem ich meinen Eltern die schlechte Note beichten musste. Meistens war es dann gar nicht so schlimm, meinen

Eltern von der Sechs zu erzählen, und ich nahm mir vor, ihnen so etwas das nächste Mal sofort zu beichten. Dennoch versuchte ich es immer wieder auf die gleiche Masche. Auch wenn etwas Wichtiges zu erledigen ist, mache ich es erst auf den letzten Drücker. Selbst bei diesem Buch hier ist es nicht anders. Ich habe morgen den Abgabetermin für das Manuskript und schreibe heute Abend noch einen Text über meine Prokrastination.

Ich bin mir ganz sicher, das ist meine Superkraft. Kann man denn seine Prokrastination zu seinem eigenen Vorteil nutzen und damit die Welt retten, so wie es Superhelden eben machen? Mein Name wäre dann: »Der Prokrastinator«. Sobald man mich ruft und das goldene P am Himmel erscheint, warte ich einfach, bis sich das Problem von selbst wieder löst. Falls es dies nicht tut, wird man mich sicher noch öfter rufen und das goldene P in den Himmel strahlen, doch jedes Mal vertröste ich den Hilferufenden mit einer Ausrede, weil ich gerade einfach keine Lust darauf habe. Erst wenn es kurz vor Zwölf ist und die Erde vor ihrem direkten Untergang steht, komme ich. Denn ich habe im Laufe meiner Prokrastination festgestellt, dass Aufgaben, die ich auf den letzten Drücker erledige, obwohl ich sie schon Wochen zuvor hätte erledigen können, meistens am Ende wunderbar klappen. Würde ich Dinge rechtzeitig erledigen, wären sie am Ende vielleicht gar nicht so gut. Ich bin stolz auf meine Prokrastination, denn im Laufe der Zeit habe ich den Druck lieben gelernt, der entsteht, wenn man Aufgaben auf den letzten Drücker erledigt. Wie heißt es doch so schön in einem alten Sprichwort: »Erst unter Druck entstehen Diamanten!« Und das trifft exakt auf mich zu.

Liebe Grüße

Euer Prokrastinator

Mein Internets-Memoaren
(Bekentnise vong 1 Facebook Admin)

I han nicht nuhr prokrasteniert, somdern auch vergesen: Ich wollte für alle was des intressiert mal 1 wemig erzehlen wie Nachdenkliche Sprüche mit Bilder umd der dazugehöhrige Vong-Hype entstamden ist, und auch 1 wenig himter den Kulissen aus den Fettnepfchen plaudern. Darun verzeih ich gerade auch noch die Dadline für die Manuskripabgabe – aber nur das ist den grosen Prokrastinator auch würdig.

Als ich vor einige Jahren gebohren wurde, wahr ich noch 1 Kind. Es wahr 1 veschneiter Junisonntag. Kann mich nicht mehr so gemau erinnen. Im dieser Zeit han ich dies umd das gemacht. Es gab höhen und tiefen – 1 gans normale Lebem. In Merz 2015 sollte sich jenes aber vong Grumd auf verendern. Ich lag aufgrumde vong 1 Influenza krank in mein Bett. Die 50 Grad Fieber zwangen mich dazu, 1 Fieberzepfchen nach den anderen zun schlucken, umd ich sah mir Wolt Disney Filne an. Doch nach 3 Tagem in Bett liegen brauchte ich 1 Abwechslung. Leider wahr ich zun den Zeitpunkt noch 1 körperliches Frack, je dennoch aber geistig top fit – Ähnlich wie Stephem Howkings. I han zwar kein Sprachconputer gehabt, dafür aber 1 Smartphone. Bis dato han ich mit facebook nicht viel an mein Hut gehabt. Ich hatte zwahr 1 normales Profil, aber mit den han ich kaum mal was gepostet. Selfies vong mir zun machen find ich bis heute noch supper schlimm. Für jedes Selfie schähme ich mich heute noch im Grund umd Boden. I bim der Meinung, dass 1 Mann, der was auf sich helt, sich fotografieren lesst, anstadt Fotos vong sich selbst zun machen. Ich kahm in meine

Fieberwahn somit auf den Idee, 1 Fake Ackount auf Facebook zun erstellen. Ich nannte mich Willy, plus 1 random Nachnamen (den ich hier im den Buch jetzt nicht verate, da ich ab umd an mit diesen Fake Ackount noch aktief bim). Im der Kleinstadt, im der ich wohne, gibt es einige Seiten umd Gruppen, in denen Stadt interne Dinge umd sonstiger Klatsch umd Tratsch diskutiert werden. Mein Amsinnen mit den Fake Ackount wahr, mich im die Diskussionen mit einzubinden umd die Leute dort 1 wenig mit schlecher Rechtsschreibung umd meinen strangen Ideen zur Verbesserung des Stadtbilds zun ärgern. Imspiriert vong den Facebook Ackount vong Moneyboy, die Zahl 1 zun verwemden, anstadt »eim« oder »eims« zun schreiben, umd die Redewendung »von ... her« zun benutzen (welche speter auf mein Seite zu »vong ... her« mutierte – 1 Sprache, die sich abhält, brauch ja schlieslig 1 Lautverschiebung in ihrer Enwieklun, Grimmsches Gesetz, ne?), machte ich mich drauf umd dran, auf diesen Seiten mit meinen Fake Ackount postings zun verfassen. Innerhalb kürzester Zeit fiel ich den meisten Usern dieser Seiten ziehmlich negativ auf. Ich ermtete aufgrund vong mein schlechte Rechtschreibung sehr viel Hohn umd Spott. 1 kleine handvoll Leute aber han meine postings supper viel gefeiert, wussten bis dato aber auch nicht, ob ich des ernst meine oder ich nur 1 Fake Ackount bim. (Grüse gehen an diese Stelle raus an von halt umd die Goonys.) Nach 1 Weile han ich mir übelegt, das so 1 Seite mit nachdenklichen Sprüchen perfekt zun mein erstellten Figur passen würde, weil mir gingen diese pseudo-deepen Sprüche schong seit mein ersten Tag in Facebook auf dem Zeiger, da sie meistens vong alles amdere als tiefgrümdig Leuten erstellt oder gepostet wurden, lol. Dies wahr die Geburtstumde vong *Nachdenkliche Sprüche mit Bilder.* Im den ersten pahr Monaten han ich nur hier umd da mal 1 Bild geposten, umd die Seite dünpelte so vor sich hin mit ca 100–200 Likes. Die vorhin schong erwähnte hamdvoll Leute, die meinen Fake Ackount so gefeiert han, pushten die Seite aber enorm umd luden all ihre Freumde ein, sie zun liken. In Oktober 2015 bekahm das ganze dann 1 Eigen dünamik. In wahrsten Sinne vong Wort her wuchs mein Seite über Nacht auf 10.000 likes. Auch in meinen Postfach tummelten sich einige Nachrichen vong Radiostateonen, die 1 Telefong Interview mit mir wolltem. Das erste Imterview gab ich BR Puls, mit denen ich heute 1 supper zusammenarbeit han. Doch zun diesen Zeitpunkt han ich der netten Frau Modratorin an Telefon glaubhaft vermitteln können, dass ich das mit mein Seite durchaus ernst meine, lol. Vong Tag zun Tag stiegen nun die Likes, umd auch Celebretings wie Elyas Embarek oder Jan Böhmemann han Bilder vong mir geteilt. Eimfach Wahmsinn, han ich mir gedenken. So kahm ich auch mit einigen amderen Admins großer Imternet Seiten im Kontakt. Der erste wahr Reiner, der Typ vong *Tattoofrei*, der mich auf die Idee brachte, Semmeln auf mein Seite anzunbieten, die weggingen wie warme T-Shirts, lol. Bis heute simd wir dicke Admin Homies umd unterstützen ums ab umd an mit Postings auf die Seiten vong denen umd mir. Auch mit den Willy (heist gemauso wie ich, lol) vong *Snickers für Linkshender* umd den Admin vong der *Jimi Kannix Erfahrung*, die mir des öfteren umter mein Arme gegriffen han was Shirt-Designs amgeht, han ich bis heute noch Komtakt. Alle zwei simd richig kreative Köpfe umd beeindruckende Photoshop Wirtuosen, welche noch viel mehr likes vedient hetten. Ja, so lief mein Seite 1 Zeit lang ziemlich gut. Ach um mein Identitet gabs viele Spekerlationen. Einige dachten, ich seih jemand aus der Medienbrongsche, der mit viel Aufwamd die Bilder so stünperhaft aussehen lesst, wie sie ebem sind. Im Wahrheit bim ich aber tatsechlich nuhr 1 Stünper, der null komma null Ahnung vong Facebookoder denn Medien, Grafik umd sonstigen hatte. Ich lolte darüber voll oft. Als imzwischen bekannt wurde, dass mein Seite wohl offensichtlich als Satiere zun sehen ist, meldete sich auch die nette Frau Modratorin vong BR Puls, welche ich zu Amfangszeiten auf Glatteis führte, noch mahl, umd wir veabredeten ums in München zun 1 Interview himter 1 Schattenwand. Das müsste in August 2016 geweben sein. Dies wahr auch mein erster Schritt raus aus mein Facebook Komfort Zohne. Mit den BR Puls Leuten vestand ich mich auf anhieb brilleant, umd wir einigten uns auf 1 Zusammenarbeit, die vorerst aus 1 wöchentliche Kolumne bestamd. Zur etwa selbem Zeit, als ich das Schattenwamd Interview hatte, sprangen auch die größeren Komzerne wie Sparkasse auf den Internet hype um »vong« und »i bims« an umd warben auf Facebook mit diesen Stilmitteln für ihre Produckte. Ich famd das anfenglich auch eher so mittelgut, da so 1 Hype oft für Tot erklert wird, wenn große Umternehmen darauf aufmerksahm werden umd damit Kumden werben wollen. I han ernsthaft bedenken gehabt, das die das alles kaputt machen. Auch Phil Laude fing im dieser Zeit mit seinen Videos an, in denen er die Vong-Sprache im alltegliche Situationen einbaute. Er schrieb mir damahls auch 1 Nachricht, das er mir 1 Video gewibmet hat. Ich famds tatsechlich auch gamz witzig, nur han ich es nicht geteilt, da er es in dem vong Moneyboy bekannten Denglisch gehalten hat (nice am been etc.), umd sowas hatte ich auf meiner Seite ebem überhaupt nicht. Kein Ahnung, ob er mir das nicht teilen übel genommen han, jetzt abeitet er immerhin mit der »Komkurenz« zusammen, lol. Zun Jahreswechsel knackte *Nachdenkliche Sprüche mit Bilder* dann auch die 300.000 likes Marke, umd ich dachte mir: »ja, naja, echt supper!« Das erste einschneidemde Elebniss des Jahres 2017 wahr mein erste Lesung übehaupt. Da ich im der Vegangenheit schong öfter Kurzgeschichen auf mein Seite veröffentlichte, han meine Homies vong Puls amgefragt, ob ich nicht auf der vong ihnen veranstalteten Fimale ihrer Lesereihe auser Konkerenz 1 selbstgeschribenem Text vorlesen will. I han natürlich sofort zugesagen umd wahr in Februar konplett paralüsiert vong der supper Resonanz. Es wahren etliche Leute gekommen, nuhr um mich mein »quatsch« vorlesen zun höhren. Das wahr 1 vong beste Erlebnisse in my Livetime. Diese Auftritt brachte dann 1 pahr Steine richig ims Rollen. Mir wurde die Möglichkeit geboten, 1 Buch zun veröffentlichen umd mit diesen auch auf Lesetour zun gehen. Klahr behaupten böhse Zungen, das ich 1 Art Sellout mache, aber mir han das Geschichen schreibem schong immer supper Spaß gemachen, umd das vorlesen vor Publikun fast noch mehr, also fucking on. Klahr springt da auch gut Geld für mich raus, aber wer zun Teufel würde da Nein sagem, wenn einen so 1 Chongse geboten wird. Haider gonner hate. Apropos hate: In Juni 2017 gabs vong Seiten Twitters auch 1 Scheisesturm, dems vemutlich nie gegebem hette, wenn ich das Interview mit der dpa nicht gemachen hette. Diese hatten nemlich 1 zienlich unglückliche Überschrift gewehlt, welche der Twitter Frakteon übel aufgestoßen wahr. Dort wurde ich nähmlich als alleiniger Erfimder dieses Sprachstiles dargestellt. In semtlichen Imterviews, so auch in diesen, hatte ich immer erwehnt, das ich vong Moneyboy insperiert wurde. Auch auf Twitter gibt es zwei Ackounts, der vong Paul Rippe umd Kurt Pöbel, die lusige Postings in 1 ähnliche Schreibweise wie ich verfassen, umd das vermutlich auch schong ne Zeit lenger als ich. Ich han vong denen jedoch erst erfahren, als ich mein Seite schong gut 1,2 Jahre betrieben han. Hab daraufhim auch 1 Richigstellung gemachen, aber han trotz alledem den Scheisesturn über mich ergehen gelassen müssen. Han mich bisschen gefühlt wie der Drachenlord, lol. Wer wann letztemdlich der erste wahr, der so geschriebem hat, han ich auch kein Ahnung. Auf irgemdeiner wiki-seite steht, das es Moneyboy von Uhrsprung umd ich vong Vebreitung her war. Umd vermutlich noch vor allen amderen wohl die Twittercomunety. Im dieser Zeit hab ich auch vong 1 Typen ne intressante Nachricht bekommen, dass diese ganze Schreibweise im 1 Gruppe vong Moneyboys Swag-Mob aufkam. Die paar Jungs, die diese Ausdrücke im die Gruppe posteten, wahren wohl in 1 Ringer-Verein, umd in diesem gab es wohl auch 1 geistig etwas beeintrechtigten Fen, der so redete. Moneyboy famd das, nach der Aussage des Typem, der mir schrieb, so witzig, dass er das in seine Posts mit übernahm. Wie dehm auch seih, diese verballhormung der Rechtschreibung ist imzwischen vollenst im »Mainstream« amgekommen. Die Facebook Seite VONG han imzwischen 1 Buch rausgebracht, umd auch Shahak Shapira, 1 Kümstler, den ich sehr schetze, hat mit der Holygen Bimbel die heilige Schrift im dieser Rechschreibung neu intepretiert. Ob man es glaubem mag oder nicht, ich selbst bim jemand, der Sachen, die in Mainstream angekommen simd, eher meidet, umd nun bin ich selbst teil dessen. Deswegem bim ich stets bemüht, irgendwie 1 Spagat zwischem den Mainstream zu machen umd trotzden noch orginell zu bleiben. Ich werde auch nicht auf Teufel komm raus versuchen, auf jede meiner Bilder 1 »vong« oder »i bims« umterzubringen umd das ganze bis zun geht nicht mehr ausschlachten. Ich demke, der Grosteil meiner Follower weis, dass auf mein Seite mehr stattfimdet als nur Flachwitze mit vong umd inhaltsloses Bla bla. Damke für euer Umterstützung – ich freu mich, dem 1 oder amderen auf mein Lesetour zun begegnen.

Im Liebe

Euer Willy

Meine Internet-Memoiren
(Bekenntnisse eines Facebook-Admins)

Ich habe nicht nur prokrastiniert, sondern auch vergessen: Ich wollte für alle Leute, die nicht so up to date sind, mal aufschreiben, wie vong bei mir eigentlich so entstanden ist, so von der Entwicklung her. Darum überziehe ich gerade auch noch fix die Deadline für die Manuskriptabgabe – aber nur das ist ja dem großen P wirklich würdig.

Als ich vor einigen Jahren geboren wurde, war ich noch ein Kind, deshalb kann ich mich nicht mehr genau an den Vorgang erinnern. In der Zeit zwischen meiner Geburt bis zur Erstellung meiner Facebook-Seite *Nachdenkliche Sprüche mit Bilder* habe ich dann Diverses gemacht. Ich lebte ein ganz normales Leben mit seinen üblichen Höhen und Tiefen. Im März 2015 sollte sich dies aber von Grund auf ändern. Eine Influenza hatte mich ans Bett gefesselt, und die mindestens fünfzig Grad Fieber zwangen mich dazu, ein Fieberzäpfchen nach dem anderen zu essen. Ich brachte diese Zeit während meiner Krankheit damit zu, mir bis zum Erbrechen Walt-Disney-Filme anzusehen. Nach dem dritten Tag und dem wiederholten Ansehen der *Toy-Story*-Trilogie war mir nach einer Abwechslung zumute. Leider war ich aber zu diesem Zeitpunkt immer noch nur ein körperliches Wrack, geistig jedoch aber topfit. So ähnlich wie bei Stephen Hawking, nur ohne Sprachcomputer, dafür aber mit Smartphone. Bis dato hatte ich mit Facebook nicht viel am Hut gehabt. Ich hatte zwar ein normales Privatprofil, mit dem ich jedoch kaum aktiv war. Ich hatte irgendwie etwas dagegen, mich dort zur Schau zu stellen und banale Posts zu verfassen. Selfies machen finde ich bis heute noch wahnsinnig schlimm. Für jedes Selfie von mir schäme ich mich in Grund und Boden. Ich vertrete eh die Meinung, dass ein Mann, der etwas auf sich hält, sich fotografieren lassen sollte, statt Fotos von sich selbst zu machen.

Ich kam in meinem Fieberwahn somit auf die Idee, einen Fake-Account auf Facebook zu erstellen. Ich nannte mich Willy mit einem beliebigen Nachnamen, den ich jetzt hier nicht verraten möchte, da ich mit diesem Account weiterhin aktiv bin. In der Kleinstadt, in der ich lebe, gibt es einige Seiten und Gruppen auf Facebook, in denen stadtinterne Dinge sowie sonstiger Klatsch und Tratsch rund um meine Heimat diskutiert werden. Mein Ansinnen mit dem von mir erstellten Account war, mich in die Diskussionen einzubinden und die Leute dort, die sich teils furchtbar wichtig nehmen, ein bisschen mit schlechter Rechtschreibung und meinen abstrusen Ideen zur Verbesserung des Stadtbildes zu ärgern. Inspiriert von Moneyboys Facebook-Account, die Zahl 1 zu verwenden, statt »ein« oder »eins« zu schreiben, und die Redewendung »von her« zu gebrauchen (welche später auf meiner Seite zu »vong her« mutierte – eine Sprache, die was auf sich hält, braucht ja schließlich eine Lautverschiebung in ihrer Entwicklung, Grimmsches Gesetz, ne?), machte ich mich daran, auf diesen Seiten Posts mit meinem Fake-Account zu verfassen. Innerhalb kürzester Zeit fiel ich den meisten Usern dieser Seiten bereits negativ auf. Ich erntete aufgrund meiner scheinbar schlechten Rechtschreibung viel Hohn und Spott. Eine kleine Handvoll Leute jedoch haben meine Posts gefeiert, aber wussten bis dato nicht, ob ich alles, was ich schrieb, ernst meinte oder ob ich eben doch nur ein Fake-Account war. (Grüße gehen an dieser Stelle raus an Von halt & die Goonys.)

Nachdem ich einige Zeit auf diesen Seiten mein Unwesen getrieben hatte, überlegte ich mir, dass so eine Seite mit nachdenklichen Sinnessprüchen perfekt zu meiner erstellten Figur passen würde. Mir gingen diese pseudo-deepen Sprüche schon seit meinem ersten Tag auf Facebook ziemlich auf den Zeiger, da sie meist von Leuten erstellt oder gepostet wurden, die alles andere als einen tiefgründigen Eindruck erweckten. Dies war die Geburtsstunde von *Nachdenkliche Sprüche mit Bilder*. In den ersten paar Monaten postete ich nur ab und zu mal ein Bild, und die Seite dümpelte mehr oder weniger mit hundert bis zweihundert Likes vor sich hin. Die eben schon erwähnte Handvoll Leute, die meinen Fake-Account so feierten, pushten die Seite jedoch enorm und luden ihre Facebook-Freunde ein, sie zu liken. Ich denke, die Jungs haben mit ihrem Engagement ein großes Stück zum Erfolg der Seite beigetragen. Im Oktober 2015 bekam die ganze Aktion dann eine richtige Eigendynamik. Bevor die Seite langsam auf fünfhundert Likes stieg, legte ich mich schlafen, und im wahrsten Sinne des Wortes kletterten die Likes über Nacht auf satte zehntausend. Auch in meinem Postfach tummelten sich einige Nachrichten von Radiostationen, die gerne ein Telefoninterview mit mir führen wollten.

Das erste Interview gab ich BR Puls, mit denen ich inzwischen zusammenarbeite. Doch bis zu diesem Zeitpunkt hatte ich der netten Moderatorin an der anderen Leitung (nennen wir sie Anna) glaubhaft vermitteln können, dass *Nachdenkliche Sprüche mit Bilder* durchaus ernsthaft zu verstehen sei. Von Tag zu Tag stiegen nun die Likes, und auch bekanntere Leute wie Elyas M'Barek oder Jan Böhmermann teilten vereinzelt Bilder von mir auf ihren Facebook-Seiten. Ich fand das damals schon komplett irre und war deshalb umso motivierter, weiterzumachen.

So kam ich mit der Zeit auch mit anderen Admins großer Facebook-Seiten in Kontakt. Der erste war Reiner, auch bekannt als der Typ von *Tattoofrei,* der mich auf die Idee brachte, T-Shirts auf meiner Seite anzubieten, so wie er es auch auf seiner tat. Bis heute sind wir dicke Admin-Homies und unterstützen uns ab und an gegenseitig mit Posts auf den Seiten des jeweils anderen und pflegen auch so einen guten Kontakt zueinander. Auch mit Willy von *Snickers für Linkshänder* und dem Mastermind hinter der *Jimi Kannix Erfahrung,* die mir des Öfteren unter die Arme griffen bei der Umsetzung einiger Designs für meine Seite, habe ich bis heute noch guten Kontakt. Das sind beides richtig kreative Köpfe und beeindruckende Photoshop-Virtuosen, die noch viel mehr Aufmerksamkeit verdient hätten. Meine Seite wuchs und gedieh also immer weiter. Auch um meine Identität rankten sich viele Spekulationen. Einige vermuteten hinter meiner Seite jemanden aus der Medienbranche, der mit viel Aufwand und Kalkül die Bilder so stümperhaft aussehen und klingen lässt, wie sie nun einmal waren. In Wahrheit bin ich aber tatsächlich nur ein Stümper, der es einfach nicht besser konnte und auch keinerlei Ahnung von Facebook, der Medienbranche oder der Umsetzungen von Grafiken hatte.

Als zwischenzeitlich bekannt wurde, dass meine Seite wohl offensichtlich als Satire zu sehen sei, meldete sich auch die nette Moderatorin von Puls, die ich zu Anfang aufs Glatteis geführt hatte, noch einmal, und wir verabredeten uns beim Bayrischen Rundfunk in München zu einem Interview hinter einer Schattenwand. Dies war auch mein erster Schritt raus aus meiner Facebook-Komfortzone, hinein ins richtige Leben. Mit den Leuten von BR Puls verstand ich mich auf Anhieb ganz wunderbar, und wir einigten uns auf eine Zusammenarbeit, die vorerst in einer wöchentlichen Kolumne resultierte. Zur etwa gleichen Zeit, als ich das Schattenwand-Interview hatte, sprangen auch größere Unternehmen wie die Sparkasse auf den Internethype rund um »vong« und »i bims« an und warben auf Facebook mit diesen Stilmitteln für ihre Produkte. Ich fand dies anfänglich eher bedenklich, da so ein Hype oft für tot erklärt wird, sobald große Unternehmen darauf aufmerksam werden und damit Kunden generieren wollen. Ich war teilweise wirklich besorgt, dass die Sparkasse damit alles kaputt machen würde, und distanzierte mich mit einem Statement auf meiner Seite von ihren Werbemaßnahmen. Auch Phil Laude fing in dieser Zeit an, Videos zu veröffentlichen, in denen er die Vong-Sprache in alltägliche Situationen einbaute. Er schrieb mir damals, als er sein erstes Video online stellte, eine Nachricht, dass er es mir gewidmet habe, weil ihn meine Seite amüsierte. Ich fand es tatsächlich auch recht lustig und gut umgesetzt, nur habe ich es damals nicht geteilt, weil er das Video hauptsächlich in dem von Moneyboy bekannten Denglisch gehalten hatte (»nice am been« etc.) und sowas ja eher nicht auf meiner Seite stattfand. Keine Ahnung, ob er mir das Damals-nicht-Teilen übel genommen hat, denn jetzt arbeitet er immerhin mit der »Konkurrenz« zusammen.

Zum Jahreswechsel knackte ich mit meiner Seite dann auch die Dreihunderttausend-Likes-Marke, und ich freute mich, dass sie trotz der Ausschlachtung der Medien noch so gut angenommen wurde. Das bis dato einschneidenste Erlebnis des Jahres 2017 war meine erste Lesung vor Publikum. Da ich in der Vergangenheit schon des Öfteren Kurzgeschichten auf meiner Seite gepostet hatte, fragten die Kollegen von Puls bei mir an, ob ich nicht auf dem von ihnen veranstalteten Finale ihrer Lesereihe außer Konkurrenz einen selbstgeschriebenen Text vorlesen wollte. Selbstverständlich sagte ich sofort zu, und war völlig hin und weg von der positiven Resonanz, die ich vor Ort wie auch im Internet erhielt. Es waren etliche Leute gekommen, um mich zu sehen und meinen »Quatsch« vorgelesen zu bekommen. Ganz erkannt werden wollte ich bei der Lesung dennoch nicht, und so entschied ich mich, eine Brille mit Nase und falschem Schnurrbart aufzusetzen, die ich auch heute noch bei meinen Lesungen trage. Dieser Auftritt bei der Lesereihe brachte dann erst richtig ein paar Steine ins Rollen. Mir wurde daraufhin die Möglichkeit geboten, ein Buch mit Kurzgeschichten zu veröffentlichen, und mit diesen auch auf eine deutschlandweite Lesetour zu gehen. Klar mögen böse Zungen nun auch behaupten, dass ich eine Art Sell-out mache, aber das Geschichtenschreiben hat mir schon immer wahnsinnigen Spaß gemacht, und diese vor Publikum vorzulesen fast noch mehr. Und natürlich springt dabei auch der ein oder andere Euro für mich heraus, aber wer zum Teufel würde, wenn ihm so eine Chance geboten wird, nein sagen? Haters gonna hate! Apropos hate: Im Juni 2017 bekam ich vonseiten Twitter einen Shitstorm ab, den es vermutlich nie gegeben hätte, wenn ich das Interview mit der dpa nicht geführt hätte. Die Deutsche Presseagentur hatte dabei nämlich ihre Überschrift ziemlich unglücklich gewählt, über die sich die Twitter-Fraktion ziemlich echauffierte. Sie stellte mich als alleinigen Erfinder dieses Sprachstils dar. In sämtlichen Interviews, so auch in diesem, hatte ich immer erwähnt, dass ich mich von Moneyboys Facebook-Auftritt inspirieren ließ. Auch auf Twitter gibt es zwei Accounts, den von Paul Rippé und Kurt Prödel, die ziemlich witzige Posts in einer ähnlichen Schreibweise wie der meinigen verfassen, und das vermutlich auch schon eine ganze

Weile länger als ich. Ich war jedoch erst über deren Seiten gestolpert, als ich meine Seite *Nachdenkliche Sprüche mit Bilder* schon gut 1,5 Jahre betrieben hatte. Auch eine Richtigstellung meinerseits konnte den Shitstorm nicht abwenden. Ich habe mich in der Zeit ein wenig wie der Drachenlord gefühlt: #unbesiegt. Wer letztendlich der Allererste war, der »i bims«, »vong« und Co. geschrieben hat? Keine Ahnung! Auf einer Wiki-Seite im Netz steht, dass es Moneyboy vom Ursprung her und ich vom Einfluss her war. Und vermutlich noch davor die Twitter-Community. In dieser Zeit hab ich auch von einem jungen Mann eine interessante Nachricht erhalten, dass diese ganze Schreibweise auf eine Facebook-Gruppe des Swag Mobs von Moneyboy zurückzuführen sei. Die paar Jungs, unter anderem der, der mir diese Nachricht schrieb, waren in einem Ringerverein aktiv, und in diesem gab es einen geistig etwas beeinträchtigten Ringer-Fan, der so redete. Moneyboy fand das, nach der Aussage des Typen, der mir schrieb, so witzig, dass er das in seine Posts übernahm. Wie dem auch sei, diese Verballhornung der Rechtschreibung ist inzwischen komplett im »Mainstream« angekommen. Die Facebook-Seite *VONG* hat inzwischen ein Buch darüber veröffentlicht, und auch Shahak Shapira, ein Künstler, den ich sehr schätze, hat mit der *Holygen Bimbel* die Heilige Schrift in dieser Rechtschreibung neu interpretiert. Ob man es nun glauben mag oder nicht, ich selbst bin jemand, der Sachen, die im Mainstream angekommen sind, eher meidet, und nun steck ich selbst knietief im Mainstream drin. Deswegen bin ich stets bemüht, eine Brücke vom Mainstream zu Sachen, die eben ganz und gar nicht Mainstream sind, zu schlagen und trotzdem originell zu bleiben. Ich werde auch nicht auf Teufel komm raus versuchen, auf jedes meiner Bilder ein »vong« oder »i bims«

unterzubringen, und somit die Kuh zu melken, bis sie keine Milch mehr gibt. Ich denke, der Großteil meiner Follower weiß, dass auf meiner Seite mehr stattfindet als nur Flachwitze mit »vong« und inhaltsloses Blabla. Ich danke jedem einzelnen von euch für eure Unterstützung und freue mich darauf, dem ein oder anderen auf meiner Lesetour zu begegnen.

In Liebe

Euer Willy

Impressum

Willy Nachdenklich
1 gutes Buch vong Humor her
18 Kurzgeschichten
ISBN: 978-3-95910-140-0

Eden Books
Ein Verlag der Edel Germany GmbH
Copyright © 2017 Edel Germany GmbH, Neumühlen 17, 22763 Hamburg
www.edenbooks.de | www.facebook.com/EdenBooksBerlin | www.edel.com
1. Auflage 2017

Einige der Personen im Text sind aus Gründen des Persönlichkeitsschutzes anonymisiert.

Projektkoordination: Svenja Monert und Nina Schumacher
Lektorat: Britta Fietzke
Umschlaggestaltung: Christiane Hahn
Umschlagfoto: © Viola Bernlocher / Nürnberger Nachrichten
In Anlehnung an das Erscheinungsbild der Universal-Bibliothek, mit Einverständnis des Reclam Verlags
Layout und Satz: Datagrafix GmbH, Berlin | www.datagrafix.com
Druck und Bindung: optimal media GmbH, Glienholzweg 7, 17207 Röbel/Müritz

Bildnachweis
Alle Fotos von Pixabay: S. 7: © Jill Wellington; S. 38: © Hans Braxmeier; S. 50: © Michael Jarmoluk; S. 60: © Michael Jarmoluk; S. 66: © Engin Akyurt; S. 82: © Gerd Altmann; S. 92: © Kevin McIver; S. 102: © Gerd Altmann; S. 110: © OpenClipart-Vectors; S. 118: © congerdesign; S. 142: © akiragiulia; S. 148: © Gerd Altmann; S. 160: © lechenie-narkomanii; S. 168: © Khusen Rustamov; S. 184: © StockSnap

Das FSC®-zertifizierte Papier *Holmen Book Cream* für dieses Buch lieferte Holmen Paper, Hallstavik, Schweden.

Printed in Germany

Dieses Buch ist auch als E-Book erhältlich.

Um die kulturelle Vielfalt zu erhalten, gibt es in Deutschland und in Österreich die gesetzliche Buchpreisbindung. Für Sie, liebe Leserin und lieber Leser, bedeutet das, dass Ihr verlagsneues Buch jeweils überall dasselbe kostet, egal, ob Sie Ihre Bücher gern im Internet, in einer großen Buchhandlung oder beim kleinen Buchhändler um die Ecke kaufen.